Sᴄʜʀɪғᴛᴇɴʀᴇɪʜᴇ ᴅᴇs IMT 2

Schriftenreihe des Instituts für
Management und Tourismus

Herausgegeben von Christian Eilzer,
Bernd Eisenstein und Wolfgang Georg Arlt

T0316861

Manon Eckhoff

Qualität und Qualifizierung im Tourismus

Anforderungen an ein ganzheitliches Qualitäts- und Qualifizierungs- system in einer Destination

Martin Meidenbauer »

Manon Eckhoff studierte Betriebswirtschaftslehre mit den
Schwerpunkten Tourismus und Controlling. Seit Juli 2006
ist sie als wissenschaftliche Mitarbeiterin im Forschungsfeld
„Qualität und Qualifizierung im Tourismus" im Institut für
Management und Tourismus an der Fachhochschule West-
küste tätig.

Die Deutsche Bibliothek verzeichnet diese
Publikation in der Deutschen Nationalbiblio-
grafie; detaillierte bibliografische Daten sind
im Internet über http://dnb.ddb.de abrufbar.

© 2007 Martin Meidenbauer
Verlagsbuchhandlung, München

Printed in Germany

Gedruckt auf
chlorfrei gebleichtem, säurefreiem und
alterungsbeständigem Papier (ISO 9706)

ISBN 978-3-89975-111-6

Verlagsverzeichnis schickt gern:
Martin Meidenbauer Verlagsbuchhandlung
Erhardtstr. 8
D-80469 München

www.m-verlag.net

Vorwort

Nach dem ersten Band der Schriftenreihe des Instituts für Management und Tourismus zum Thema Besucherleitsysteme widmet sich der vorliegende zweite Band der Frage nach den Anforderungen an ein ganzheitliches Qualitäts- und Qualifizierungssystem für Tourismusdestinationen. Mit dieser Fragestellung beschäftigt sich die Autorin mit sehr zeitnahen Problemen. Viele Destinationen befinden sich entweder in der Reifephase des Destinationslebenszyklus in alten Tourismusregionen, wo es heute um das Redesign von Tourismusprodukten, -erlebnissen bzw. Dienstleistungsqualitäten geht oder aber in der Einführungsphase des Destinationslebenszyklus in den neuen aufkommenden Tourismusregionen der ehemals kommunistischen Länder Osteuropas, wo erst neue touristische Produktbündel für Destinationen geschaffen werden müssen. In beiden Fällen zeichnen eine veränderte, mehr auf Qualität ausgerichtete Tourismusnachfrage und eine verstärkte Wettbewerbsintensität auf der Angebotsseite für diese Entwicklung verantwortlich. Da Kaufentscheidungen fast ausschließlich auf Destinationsebene stattfinden, stehen heute die Qualität und Qualifizierung von Destinationen im Vordergrund wissenschaftlicher und praktischer Diskussionen. Das heißt, es geht heute weniger um die Frage der Qualität und Qualifizierung einzelner Unternehmen als vielmehr um die destinationsweite Koordination dieser Aufgabenbereiche innerhalb der Destination. Dementsprechend verwendet die vorliegende Arbeit die theoretischen Grundlagen und empirische Befunde der beiden Themenbereiche Qualität und Weiterbildung bzw. Qualifizierung (Kapitel 2 und 3) und illustriert deren Integration in Form eines kombinierten Qualitäts- und Qualifizierungssystems für Destinationen (Kapitel 4). Schließlich werden im letzten und sehr ausführlichen Kapitel 5 Planungs-, Organisations- und Managementanforderungen eines derartigen ganzheitlichen Qualitäts- und Qualifizierungssystems in typischen, insbesondere auch kleinstrukturierten Tourismusdestinationen dargelegt.

Die Bedeutung dieser Arbeit liegt vor allem im Aufzeigen der (Weiter-)Bildungsaktivitäten für ein professionelles Qualitätsmanagement auf Destinationsebene. Gleichzeitig hilft die Arbeit bei der Bewertung von Einzel- und Gesamtqualitäten in Destinationen und dient damit auch einer besseren argumentativen Absicherung für das Destinationsmanagement.

Diese Veröffentlichung richtet sich vor allem an Wissenschaftler und Studierende im Bereich Tourismus, sollte aber auch Destinationsmanagern als Orientierungshilfe bei der Errichtung von Qualitäts- und Qualifizierungsmessungen und Benchmarking-Systemen dienen. Wie in der vorangegangenen Veröffentlichung dieser Buchreihe, so geht es auch in dieser Veröffentlichung um die inhaltliche und methodengerechte Anwendung wissenschaftlicher Erkenntnisse für tourismusspezifische Fragestellungen. Diesem Anspruch wird das Werk in vielfacher Weise gerecht.

August 2007   Prof. Dr. Klaus Weiermair

Institut für Strategisches Management, Marketing
und Tourismus, Universität Innsbruck

Inhaltsverzeichnis

1. Einleitung

Die Entwicklung des Tourismus wurde in den vergangenen Jahren maßgeblich durch zwei Aspekte geprägt: Die Globalisierung und die Veränderung der touristischen Nachfrage. Der technische Fortschritt im Bereich des Transport- und Kommunikationswesens sowie die Liberalisierung des internationalen Handelsverkehrs haben weltweit zum Aufbau
neuer Zielgebiete geführt. Gleichzeitig wurden die angebotenen Leistungen zunehmend ähnlicher und damit austauschbar. Der steigenden Wettbewerbsintensität und dem homogener werdenden touristischen Angebot steht ein verändertes Nachfrageverhalten gegenüber. Der Gast von
heute ist reiseerfahren, anspruchsvoll und kritisch im Hinblick auf die
Angebotsqualität. Sein gestiegenes Selbstbewusstsein veranlasst ihn zu
einer verstärkten Einforderung seiner persönlichen Bedürfnisse.

Vor dem Hintergrund dieser angebots- und nachfrageseitigen Marktentwicklungen sind touristische Zielgebiete gezwungen, als geschlossene
Wettbewerbseinheit aufzutreten, um am Markt bestehen zu können.
Auch Destinationen in traditionellen Tourismusgebieten mitteleuropäischer Länder wie Österreich, Frankreich, Spanien, Italien, der Schweiz
oder Deutschland sind gefragt, auf die veränderte Wettbewerbssituation
zu reagieren, wenn sie weiterhin erfolgreich am Markt agieren wollen. Im
Vergleich zu vielen Ferndestinationen ist eine große Anzahl der traditionellen mitteleuropäischen Urlaubsregionen über einen langen Zeitraum
zu touristischen Zielgebieten herangewachsen. Ein Großteil von ihnen
ist durch eine Struktur gekennzeichnet, die von kleinen und mittleren
Unternehmen geprägt ist. Sie stehen in Konkurrenz zu Fernreisezielen,
deren Produkte sich insbesondere durch eine andersartige naturräumliche Ausstattung sowie klimatische Vorteile auszeichnen und aufgrund
geringerer Produktionskosten zudem preisgünstiger offeriert werden
können. Mit dem Aufbau neuer Reiseziele in den osteuropäischen Ländern sind weitere Konkurrenten hervorgetreten, die sich ebenfalls auf
den Vorteil einer günstigeren Produktion vor Ort stützen können.

Im globalen Wettbewerb um den Gast ist eine auf den Preiswettbewerb ausgerichtete Strategie in den traditionellen Tourismusländern Mitteleuropas aufgrund der hohen Produktionskosten wenig Erfolg verspre-
chend. Damit gewinnt eine Alternative zur Kostenführerschaft an Bedeutung: Die Sicherung der Konkurrenzfähigkeit der Destinationen über
eine Differenzierungs- bzw. Qualitätsstrategie. Die Herausstellung der

Unterschiede in der Qualität der angebotenen touristischen Dienstleistungen gegenüber Konkurrenzdestinationen scheint ein aussichtsreicher Weg zu sein, um in einem umkämpften touristischen Markt Wettbewerbsvorteile erzielen zu können. Vor dem Hintergrund der zunehmenden Austauschbarkeit der materiellen Leistungsbestandteile der weltweit angebotenen Tourismusleistungen gewinnt in besonderem Maße die Qualität der personenabhängigen Serviceleistungen hinsichtlich der Schaffung von Qualitätsvorteilen für die Gäste sowie der Differenzierung von Wettbewerbern an Bedeutung. Der Anspruch einer guten Servicequalität ist eng verbunden mit den Qualifikationen der dienstleistenden Personen. Diese müssen neben einem dienstleistungsorientierten Denken und Verhalten insbesondere auch über die notwendigen Kenntnisse, Fähigkeiten und Fertigkeiten verfügen, die Serviceleistungen in dem vom Gast gewünschten Maße zu erbringen. Um die Angemessenheit der Serviceleistungen zu garantieren, ist im Hinblick auf die dynamische Entwicklung der Gästebedürfnisse eine regelmäßige Anpassung und Weiterentwicklung der Qualifikationen im Rahmen der Weiterbildung von besonderer Wichtigkeit. Im Zuge der Verfolgung einer Qualitätsstrategie besteht daher die Notwendigkeit, flankierende Maßnahmen zu ergreifen, die auf die Qualifikationen der touristischen Akteure in der Destination abstellen und diese einer laufenden Weiterentwicklung unterziehen. Insgesamt bedarf es einer abgestimmten, destinationsweiten Koordination der beiden Aufgabenbereiche Qualität und Qualifizierung.

Der Trend der letzten Jahre zum qualitätsorientierten Tourismus, der sich u. a. in einer steigenden Anzahl an Qualitätszeichen zur Klassifizierung materieller Angebotselemente äußert, verdeutlicht, dass die Vorteile einer Qualitätsstrategie in den traditionellen Destinationen Mitteleuropas erkannt wurden. Die Herausforderungen des Marktes haben dazu geführt, dass die Qualitätsorientierung ein zunehmend bedeutungsvoller strategischer Erfolgsfaktor im Handeln touristischer Unternehmen wurde. In zahlreichen Destinationen gab es Auseinandersetzungen mit der Qualitätsthematik, die in der Initiierung verschiedenster Qualitätsprogramme zur Verbesserung und Sicherung der destinationsweiten Angebotsqualität mündeten.[1]

Ein Defizit ist hingegen in der Hinsicht festzustellen, dass es bisher keinen ausreichend bekannten und akzeptierten Ansatz für ein destinati-

---

[1] Vgl. u. a. Freyer/Dreyer 2004, 64 / Müller 2004a, 89ff., 133ff.

onsweites System gibt, das die beiden Disziplinen Qualität und Qualifizierung umfassend vereint. An dieser Stelle setzt das vorliegende Buch an. Der dargelegten Problematik soll durch die Erarbeitung der Anforderungen an einen Systemansatz begegnet werden, der die Aspekte Qualität und Qualifizierung in Form eines ganzheitlichen Qualitäts- und Qualifizierungssystems miteinander kombiniert. Die einzelnen Anforderungen werden detailliert aus den Bedingungen abgeleitet, unter denen ein langfristig qualitätsorientierter Tourismus in einer Destination realisiert werden kann. Der erstellte Anforderungskatalog trägt dahingehend zur Reduzierung des Defizits bei, als dass er als Leitfaden für die Entwicklung eines ganzheitlichen Qualitäts- und Qualifizierungssystems zur Verbesserung der Angebotsqualität einer Destination genutzt werden kann.

In den beiden folgenden Kapiteln zwei und drei werden zunächst die Grundlagen zur Qualitäts- und Weiterbildungsthematik betrachtet. Im Anschluss an die Darstellung der allgemeinen Qualitäts- bzw. Weiterbildungstheorie im ersten Teil des jeweiligen Kapitels wird im zweiten Teil die spezifische Bedeutung beider Disziplinen in einer Destination erläutert. Die Voranstellung der Ausführungen zur Qualität ist bewusst gewählt und bestimmt den gesamten Verlauf der Arbeit, da die Qualitätsverbesserung und -sicherung das eigentliche Ziel darstellt, wohingegen die Qualifizierung als ein anzuwendendes Instrument gesehen wird. Im vierten Kapitel werden die Verknüpfungspunkte beider Disziplinen sowie die Gründe für die Notwendigkeit eines ganzheitlichen Qualitäts- und Qualifizierungssystems in einer Destination erläutert. Zudem werden die organisatorische Einbindung eines solchen Systems in eine Destination diskutiert und die besonderen Herausforderungen in touristischen Räumen mit einem hohen Anteil an kleinen und mittleren Unternehmen hinsichtlich der Realisierung einer Qualitäts- und Qualifizierungsstrategie dargestellt. Nach einer Einführung in die Methodik wird in Kapitel fünf auf Basis der zuvor erarbeiteten Grundlagen die Ableitung der Anforderungen an ein ganzheitliches Qualitäts- und Qualifizierungssystem vorgenommen. Die Ergebnisse werden in einem Anforderungskatalog zusammengefasst. Die Ausführungen enden mit einer Schlussbetrachtung der gewonnenen Erkenntnisse in Kapitel sechs.

2. Grundlagen zur Qualität

2.1 Allgemeine Qualitätstheorie

2.1.1 Qualitätsbegriff und Merkmale von Qualität

Der Qualitätsbegriff wird sowohl im alltäglichen Sprachgebrauch als auch in der Wissenschaftssprache auf unterschiedlichste Weise verwendet, was zu einer Vielzahl an Vorschlägen hinsichtlich seiner inhaltlichen Bedeutung geführt hat (vgl. Hentschel 1992, 11). Laut Bruhn (2006, 33) ist es „… bis heute nicht gelungen [...], ein tragfähiges und allgemein akzeptiertes Qualitätsverständnis zu schaffen."

Pepels (1996, 41) beschreibt Qualität als eine Forderung, die sich aus „… der Gesamtheit der betrachteten Einzelforderungen an die Beschaffenheit einer Einheit…" ergibt. Die Beschaffenheit stellt dabei die Gesamtheit der Merkmale und Merkmalswerte einer Einheit dar, wobei eine Einheit ein Produkt oder ein Dienst sein kann. In dem vorliegenden Forschungsansatz wird die Definition des Deutschen Instituts für Normung e. V. als Basisverständnis für den Qualitätsbegriff herangezogen.

> „Vermögen einer Gesamtheit inhärenter Merkmale eines Produkts, Systems oder Prozesses zur Erfüllung von Anforderungen von Kunden und anderen interessierten Parteien." (DIN e. V. 2001, 316)

Eine Übersicht über verschiedene Qualitätsmerkmale liefert Oess (1991, 37). Demnach kennzeichnet sich Qualität durch die „… Gebrauchstauglichkeit, Funktionstüchtigkeit oder Leistung, Ausstattung, Zuverlässigkeit, Anforderungserfüllung, Haltbarkeit, Servicefreundlichkeit, Umweltfreundlichkeit, Sicherheit, Güte, [das] Design (‚Form und Farbe') [sowie die] subjektive Qualität…".

Der Qualitätsbegriff kann aus mehreren Perspektiven betrachtet werden, deren Strukturierung sich Garvin (1988, 40ff.) angenommen hat: Der transzendente Qualitätsbegriff beschreibt Qualität als absolut, als ein Zeichen für kompromisslos hohe Ansprüche und Leistungen. Qualität kann nicht präzise definiert werden, sondern wird durch Erfahrungen empfunden. Dagegen betrachtet die produktbezogene Sichtweise Qualität als messbar, da sie sich in der Summe der Eigenschaften eines Produkts widerspiegelt. Der kundenorientierte Qualitätsbegriff geht davon aus, dass Qualität nicht von den tatsächlichen Produkteigenschaften abhängig ist, sondern vielmehr von der subjektiven Wahrnehmung des Kunden. Demnach schreiben die Kunden denjenigen Produkten oder Leistungen die höchste Qualität zu, die ihre individuellen Bedürfnisse am besten befriedigen. Der herstellungsorientierte Qualitätsbegriff betrachtet Qualität als das Einhalten von Leistungsansprüchen, wohingegen sich Qualität aus der wertorientierten Perspektive als Ergebnis eines angemessenen Preis-Leistungs-Verhältnisses darstellt.

Neben der Eigenschaft der Qualität als „summarische Größe" greift die Definition des Deutschen Instituts für Normung e. V. den Aspekt der Erfüllung von Kundenanforderungen auf und erklärt den Qualitätsbegriff somit aus kundenorientierter Perspektive. Zink (2004, 44) weist darauf hin, dass die Erfüllung von Kundenanforderungen noch keine Rückschlüsse auf die Zufriedenheit des Kunden mit der Anforderungserfüllung zulässt und bezieht als einen weiteren Bestandteil den Aspekt der Kundenzufriedenheit in die Definition von Qualität ein. Um diesen Gesichtspunkt im Rahmen der vorliegenden Arbeit zu berücksichtigen, wird das Basisverständnis von Qualität um die folgende Definition ergänzt:

> „Qualität ist die Erfüllung von (vereinbarten) Anforderungen zur dauerhaften Kundenzufriedenheit." (Zink 2004, 44)

Eine (gute) Qualität ist somit unabhängig von der Güteklasse einer Leistung, die zwar Bestandteil der Qualität ist, da sie die Anforderungen an die Leistung beeinflusst, jedoch nichts über die Erfüllung der Kundenanforderungen aussagt. Da Qualität aus der Kundenperspektive, die dieser Arbeit durch Verwendung der Definition des Deutschen Instituts für Normung e. V. als Basisverständnis für Qualität zugrunde gelegt ist, an die Erfüllung der Qualitätsforderungen der Kunden gebunden ist, diese jedoch persönlichen Eindrücken unterliegen, differiert das Qualitätsempfinden und die Qualitätsbedeutung zwischen einzelnen Kunden.[1] Neben den vielfältigen Merkmalen der Qualität erschwert insbesondere die Subjektivität der Qualitätsbeurteilung die Erzielung eines einheitlichen Qualitätsverständnisses (vgl. Reinhart/Lindemann/Heinzl 1996, 7).

---

[1] Vgl. Frehr 1994, 2.

Pompl (1997, 2) fasst die Eigenschaften des Qualitätsbegriffs in fünf Merkmalen zusammen. Demnach ist Qualität:

- ein „multiattributives Phänomen", das sich durch das Zusammenwirken mehrerer Merkmale ergibt,
- ein „bipolares Kontinuum" mit den Endpunkten einer absolut hohen und einer absolut schlechten Qualität,
- „relativistisch" im Sinne einer Alternativen-, Personen- und Situationsabhängigkeit,
- „mehrdimensional" mit einer inhaltlichen, einer zeitlichen und einer formalen Dimension,
- und „dynamisch", da sich die Produktqualitäten sowie auch die Qualitätsansprüche im Zeitverlauf ändern.

2.1.2 Besonderheiten der Dienstleistungsqualität
Die Definitionsansätze für den Begriff der Dienstleistung lassen sich in drei Gruppen einteilen. Die enumerative Definition erfasst den Dienstleistungsbegriff durch die Aufzählung von Beispielen, wohingegen die Negativdefinition diesen von den Sachgütern abgrenzt. Die dritte Gruppe definiert den Begriff über seine konstitutiven Merkmale, zu denen die Potenzial-, die Prozess- und die Ergebnisorientierung gehören.[2] Meffert und Bruhn (2006, 33) bedienen sich bei ihrer Definition des Dienstleistungsbegriffs der dritten Gruppe:

„Dienstleistungen sind selbständige, marktfähige Leistungen, die mit der Bereitstellung [...] und/oder dem Einsatz von Leistungsfähigkeiten [...] verbunden sind (Potenzialorientierung). Interne [...] und externe Faktoren [...] werden im Rahmen des Erstellungsprozesses kombiniert (Prozessorientierung). Die Faktorenkombination des Dienstleistungsanbieters wird mit dem Ziel eingesetzt, an den externen Faktoren, an Menschen [...] und deren Objekten [...] nutzenstiftende Wirkungen [...] zu erzielen (Ergebnisorientierung)." (Meffert/Bruhn 2006, 33)

Die Bestimmung der Dienstleistungsqualität wird in besonderem Maße durch drei spezifische Charakteristika einer Dienstleistung im Vergleich zu einer Sachleistung beeinflusst. So sind Dienstleistungen immateriell und damit weder greifbar noch lager- und transportfähig. Zu ihrer Er-

---

[2] Vgl. Corsten/Gössinger 2007, 21.

stellung bedarf es der Einbindung des externen Faktors, d. h. der Person oder des Verfügungsobjektes, an dem die Dienstleistung erbracht wird. Als drittes Charakteristikum gilt das Uno-Actu-Prinzip, das den zeitlichen und örtlichen Zusammenfall von Produktion und Konsum einer Dienstleistung beschreibt.[3] Abbildung 1 listet verschiedene Ansätze zur Bestimmung der Dienstleistungs- bzw. Servicequalität[4] auf.

Autor	Dimensionen der Servicequalität	Perspektive
Donabedian	Potenzial-, Prozess- und Ergebnisqualität	Phasen des Leistungsprozesses
Grönroos	Technische und funktionale Qualität	Art und Umfang des Leistungsprozesses
Berry	Routine- und Ausnahmequalität	Erwartungshaltung des Kunden
Zeithaml	Such-, Erfahrungs- und Glaubensqualität	Kundennähe/Kontakttiefe
Zeithaml/ Parasuraman/ Berry	Tangibles Umfeld, Zuverlässigkeit, Reaktionsfähigkeit, Leistungskompetenz, Einfühlungsvermögen (SERVQUAL)	Integrierte Sicht des Kundenkontaktes

Abb. 1: Ansätze zur Bestimmung der Servicequalität[5]

Die Servicequalität stellt „… das Ausmaß der Diskrepanz zwischen den Erwartungen und Wünschen der Kunden und ihren Eindrücken von der tatsächlichen Leistung…" (Zeithaml/Parasuraman/Berry 1992, 32) dar. Dabei wird die Erwartungshaltung des Kunden durch mündliche Empfehlungen, persönliche Bedürfnisse, bisherige Erfahrungen, die kommunikative Darstellung der Leistung seitens des Anbieters und den Preis der

---

[3] Vgl. Pepels 1996, 9ff. / Bruhn 2006, 21f.

[4] Im deutschsprachigen Raum wird der Servicebegriff laut Meffert/Bruhn (2006, 33) im Gegensatz zum angloamerikanischen Sprachraum oftmals nur im Sinne eines Zusatzes zu einem Produkt bzw. einer Dienstleistung verstanden. Die vorliegende Arbeit schließt sich dem Vorschlag der Autoren zur synonymen Verwendung des Dienstleistungs- und des Servicebegriffs an. Mit dem Begriff „Servicequalität" wird somit nicht die Qualität einer Zusatzleistung zu einem Produkt bzw. einer Dienstleistung, sondern die Qualität der Kerndienstleistung bezeichnet.

[5] Quelle: Eigene grafische Darstellung in Anlehnung an Bruhn 2006, 49ff. Weitergehende Ausführungen zu den Dimensionen der Servicequalität finden sich u. a. bei Bruhn 2006, 49ff. / Corsten/Gössinger 2007, 281ff. / Meffert/Bruhn 2006, 293f.

Leistung beeinflusst. Die Messung der Servicequalität erweist sich aufgrund der spezifischen Eigenschaften einer Dienstleistung wie ihrer Immaterialität und der subjektiven Wahrnehmung der Dienstleistungsqualität durch den Kunden als schwierig. Mit dem SERVQUAL-Modell und dem GAP-Modell stehen zwei verbreitete Ansätze zur Erklärung und Messung der Servicequalität zur Verfügung. Das von Zeithaml, Parasuraman und Berry (1992, 34ff.) entwickelte Multiattributivverfahren „SERVQUAL" basiert auf den in Abbildung 1 dargestellten Dimensionen, anhand derer der Kunde im Rahmen des Abgleichs der erwarteten und der erlebten Leistung die Servicequalität beurteilt:

- „Materielles [Umfeld]: Erscheinungsbild von Einrichtungen und Ausrüstungen sowie des Personals und der gedruckten Kommunikationsmittel
- Zuverlässigkeit: Fähigkeit, den versprochenen Service verlässlich und präzise auszuführen
- Entgegenkommen [Reaktionsfähigkeit]: Bereitschaft, Kunden zu helfen und sie prompt zu bedienen
- Souveränität [Kompetenz]: Fachwissen und zuvorkommendes Verhalten der Angestellten sowie deren Fähigkeit, Vertrauen zu erwecken
- Einfühlung[svermögen]: Fürsorgliche Aufmerksamkeit der Firma für jeden einzelnen Kunden" (Zeithaml/Parasuraman/Berry 1992, 34ff.).

Ist nach dem SERVQUAL-Modell der erlebte Service besser als der erwartete, ist das Qualitätsurteil positiv. Im umgekehrten Fall entsteht ein negatives Qualitätsurteil und damit eine „Qualitätslücke". An dieser Stelle setzt das GAP-Modell (vgl. Abb. 2) an, das die möglichen, im Leistungserstellungsprozess auftretenden „Qualitätslücken" analysiert. Die vier Hauptursachen innerhalb der Organisation des Dienstleisters für eine negative Qualitätswahrnehmung können demnach nicht realitätsgetreue Vorstellungen des Managements von den Kundenerwartungen, fehlende Normen für die Erbringung der Servicequalität, eine falsche Umsetzung der Normen oder Differenzen zwischen dem in der Kommunikation versprochenen und dem geleisteten Service sein.[6]

---

[6] Vgl. Zeithaml/Parasuraman/Berry 1992, 49ff.

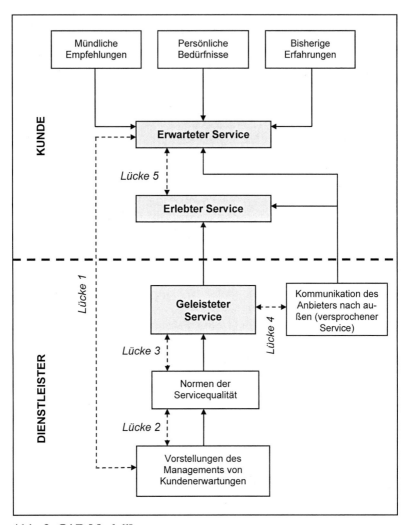

Abb. 2: GAP-Modell[7]

---

[7] Quelle: Eigene grafische Darstellung gemäß Zeithaml/Parasuraman/Berry 1992, 62.

2.1.3 Qualitätsmanagement

Die systematische Planung, Umsetzung und Kontrolle der Qualität von Produkten und Dienstleistungen im Rahmen eines Qualitätsmanagements schafft eine gute Voraussetzung dafür, dass es einem Unternehmen gelingt, die Erwartungen seiner Kunden zu erfüllen. Das Verständnis über Art und Umfang des Qualitätsmanagements hat sich im Laufe der Zeit gewandelt. So wurden in den 1950er/60er-Jahren im Rahmen von Qualitätskontrollen lediglich fehlerhafte Endprodukte aussortiert. In den 1970er-Jahren lag der Fokus auf der Qualitätssicherung durch vorbeugende Fehlerverhütung. Das Qualitätsmanagement, wie es heute verstanden wird, hat seine Anfänge in den 1980er-Jahren.[8] Die internationale Norm DIN EN ISO 9000:2000 des Deutschen Instituts für Normung e. V. definiert Qualitätsmanagement als eine „aufeinander abgestimmte Tätigkeit zur Leitung und Lenkung einer Organisation bezüglich Qualität." (DIN e. V. 2001, 316).

Das Qualitätsmanagement umfasst nach Müller (2006a, 16) drei Aspekte:

- Der *Qualitätsanspruch* beschreibt das selbst definierte Leistungsniveau, das angestrebt werden soll, um segmentspezifische Gäste- und Mitarbeiterwünsche zu befriedigen.
- Die *Qualitätsentwicklung* umfasst die aktive Pflege des festgelegten Leistungsniveaus sowie dessen kontinuierliche Verbesserung.
- Die *Qualitätssicherung* umfasst die bewusste Überprüfung des Leistungsniveaus sowie eine entsprechende Reaktion bei festgestellten Abweichungen.

Eine wichtige Aufgabe im Rahmen des Qualitätsmanagements besteht in der Erarbeitung einer Qualitätspolitik. Diese definiert die aus der Unternehmenspolitik abgeleiteten qualitätsbezogenen Grundsätze eines Unternehmens. Es liegt in der Verantwortung der Führungsebenen, die Grundsätze zu formulieren und die Erarbeitung eines unternehmensweiten Qualitätszielsystems zu veranlassen, das jedem Mitarbeiter seinen Beitrag zur Umsetzung der Qualitätsgrundsätze verdeutlicht. Um die Akzeptanz der Ziele zu erhöhen, ist eine Einbindung der Mitarbeiter in den Zielbildungsprozess erforderlich. Zur Gewährleistung der Transpa-

---

[8] Vgl. Seghezzi/Fahrni/Herrmann 2007, 16ff.

renz der Qualitätspolitik im Unternehmen sollten die Grundsätze, die Ziele sowie die Verantwortlichkeiten dokumentiert werden.[9] Die Umsetzung der Qualitätspolitik erfolgt über:

- die Qualitätsplanung,
- die Qualitätslenkung,
- die Qualitätssicherung und
- die Qualitätsverbesserung.

Im Rahmen der Qualitätsplanung werden vorausschauend diejenigen qualitätsbezogenen Tätigkeiten und Prozesse geplant, die zur Erstellung einer für den Kunden zufriedenstellenden Leistung erforderlich sind.[10] Die Aufgabe der Qualitätslenkung besteht in der Vorbeugung, Überwachung und Korrektur der Tätigkeiten und Prozesse. Dabei können sich die eingesetzten Arbeitstechniken auf das Produkt, den Herstellungsprozess oder die Mitarbeiter beziehen. Die Qualitätssicherung umfasst die systematische Darlegung der qualitätsbezogenen Tätigkeiten und Prozesse in einem Qualitätsmanagementhandbuch. Die Dokumentation zielt auf die Schaffung von Transparenz und Vertrauen bezüglich der Organisationsstrukturen und Prozessabläufe ab. Ziel der Qualitätsverbesserung ist es, die kontinuierliche Weiterentwicklung bzw. Verbesserung der Qualität sicher zu stellen.

2.1.4 Total Quality Management

Wird das Qualitätsmanagement umfassend betrachtet, d. h. unter Einbeziehung sämtlicher Bereiche und Anspruchsgruppen eines Unternehmens, wird es als „Total Quality Management (TQM)" bezeichnet. „Total" beschreibt die Einbindung aller am Leistungserstellungsprozess beteiligten Anspruchsgruppen wie Mitarbeiter, Kunden, Lieferanten und die Öffentlichkeit. Innerhalb des Unternehmens meint „total" die Einbeziehung sämtlicher Unternehmensbereiche. „Quality" steht für die konsequente Ausrichtung aller betrieblichen Prozesse und Tätigkeiten auf die Qualitätsforderungen der Kunden. „Management" deklariert

---

[9] Vgl. Reinhart/Lindemann/Heinzl 1996, 13, 23ff.
[10] Die Ausführungen dieses Absatzes stützen sich auf Reinhart/Lindemann/Heinzl 1996, 22ff.

Qualität als ein übergeordnetes Führungsprinzip, welches Qualität zu einer Verpflichtung der Führungskräfte macht und diesen eine Vorbildfunktion gegenüber den Mitarbeitern auferlegt.[11]

„TQM ist damit eine auf der Mitwirkung aller ihrer Mitglieder beruhende Führungsmethode eines Betriebs, die Qualität in den Mittelpunkt stellt und durch Zufriedenheit der Kunden auf langfristigen Geschäftserfolg sowie auf Nutzen für interne und externe Mitglieder abzielt." (Pepels 1996, 45)

Ein wichtiger Grundsatz des Total Quality Managements ist die Führungsverantwortung. Der Unternehmensführung obliegt die Aufgabe der Einleitung des Qualitätsprozesses. Ferner ist sie dazu angehalten, die TQM-Philosophie in die Unternehmenskultur zu integrieren, indem sie sich mit dieser identifiziert und sie gegenüber den Mitarbeitern durch beispielhaftes Verhalten vorlebt. Auf diese Weise lässt sich das zur Umsetzung einer umfassenden Qualitätsstrategie notwendige Qualitätsbewusstsein im gesamten Unternehmen verbreiten und die Akzeptanz und Wirksamkeit der Qualitätsmaßnahmen steigern. Auch wenn Qualität alle Bereiche eines Unternehmens betrifft, liegt die grundsätzliche Verantwortung bei den Führungsebenen und stellt eine nicht delegierbare Aufgabe dar.[12] Neben der Führungsverantwortung stellen die Kunden-, die Mitarbeiter- und die Prozessorientierung die zentralen Grundsätze des TQM dar:

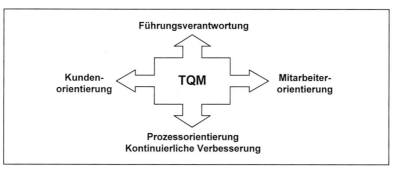

Abb. 3: Grundsätze des Total Quality Managements

---

[11] Vgl. Pepels 1996, 45 / Reinhart/Lindemann/Heinzl 1996, 32.
[12] Vgl. Müller 2004a, 43 / Stauss 1998, 375f.

Kundenorientierung

Die Kundenorientierung im Sinne einer konsequenten Orientierung der unternehmerischen Prozesse und Tätigkeiten an den Kundenanforderungen ist das zentrale Anliegen des Total Quality Managements. Um die Bedürfnisse der Kunden erkennen und sämtliche Unternehmensaktivitäten dahingehend optimieren zu können, muss ein Unternehmen in einen regelmäßigen Dialog mit seinen Kunden treten.[13] Kundenorientierung beinhaltet neben der Erfüllung der derzeitigen Bedürfnisse auch die Fähigkeit, latente, zukünftige Kundenwünsche zu antizipieren und zu befriedigen. Dabei ist die exakte Erfüllung der Erwartungen des Kunden nicht ausreichend, da diese beim Kunden lediglich ein Gefühl der Indifferenz auslöst und der Eindruck der Austauschbarkeit der Leistung entsteht. Vielmehr muss ein Unternehmen danach streben, Leistungen zu schaffen, die die Erwartungen des Kunden übertreffen, Begeisterung bei diesem auslösen und ihn stärker an das Unternehmen binden.[14]

Der Kundenbegriff wird im TQM über die Abnehmer einer Leistung hinaus auf die internen Arbeitsprozesse ausgeweitet. Jeder Mitarbeiter, der intern eine Leistung für einen anderen Mitarbeiter erstellt, muss den Empfänger der Leistung als Kunden betrachten, der zufriedengestellt werden muss. Durch eine derartige Sichtweise auf Mitarbeiterseite sollen die Prozessabläufe optimiert und die Kundenzufriedenheit erhöht werden.[15] Laut Bauer (1994, 114) kann ein Unternehmen nur erfolgreich sein, wenn es alle Stellen, mit denen es in Wechselwirkungen steht, als Kunden betrachtet. Demnach sind über die Abnehmer und Mitarbeiter hinaus auch die Lieferanten, der Staat sowie die allgemeine Öffentlichkeit als „Kunde" zu betrachten. Hummeltenberg (1995, 150) weist im Rahmen der Identifikation von Erfolgsfaktoren für ein TQM auf die Notwendigkeit von strategischen Allianzen hin, da ein Unternehmen sowohl seine internen als auch seine externen Ziele oftmals nicht alleine erreichen kann. So ist es beispielsweise auf partnerschaftliche Vereinbarungen mit Arbeitnehmerorganisationen und Lieferanten angewiesen. Eine weitere Form der Allianz ist die Kooperation mit Unternehmen, die komplementäre Produkte anbieten.

---

[13] Vgl. Stauss 1998, 359ff.
[14] Vgl. Hummeltenberg 1995, 149f. / Hinterhuber/Matzler et al. 2004, 5ff.
[15] Vgl. Frehr 1994, 210.

Mitarbeiterorientierung

Damit eine TQM-Strategie erfolgreich im gesamten Unternehmen umgesetzt werden kann, ist es erforderlich, jeden Mitarbeiter in die Qualitätsverantwortung einzubeziehen. Dieser muss in seinem Arbeitsbereich für die Erbringung einer bestimmten Leistung mit einer entsprechenden Qualität verantwortlich sein. Eine wichtige Aufgabe der Führungskräfte besteht im Rahmen des TQM darin „… ein Arbeitsumfeld zu schaffen, in dem sich Mitarbeiter zu engagierten, selbständig denkenden und eigenverantwortlich handelnden Mitunternehmern entwickeln können." (Müller 2004a, 82). Voraussetzungen für eine Partizipation der Mitarbeiter sind eine regelmäßige Schulung und kontinuierliche Information über den Qualitätsmanagementprozess.[16] Nach Oess (1991, 103ff.) ist zudem ein Führungsverständnis erforderlich, das Status- und Hierarchieunterschiede auf ein Minimum reduziert und in dem sich Führungskräfte als Helfer, Unterstützer und Moderator der Mitarbeiter verstehen. Partizipationsmöglichkeiten bieten z. B. das betriebliche Vorschlagswesen oder Qualitätszirkel, unter denen Gruppen von Mitarbeitern verstanden werden, die selbst ausgewählte, im Arbeitsbereich auftretende Probleme eigenständig und freiwillig bearbeiten (vgl. Kamiske/Brauer 2006, 248ff.).

Neben der Einbindung der Mitarbeiter in die Qualitätsverantwortung und der damit verbundenen Einräumung zusätzlicher Entscheidungs- und Handlungsfreiheit sind durch die Führungskräfte weitere Leistungen zur Förderung der Motivation zu erbringen, um die Mitarbeiter zu einem kontinuierlich qualitätsorientierten Handeln zu animieren. So können sich z. B. eine offene Kommunikations- und Informationspolitik, teamorientiertes Arbeiten und materielle Anreize wie Prämien positiv auf die Motivation auswirken (vgl. Bovermann 1997, 34ff.). Der Motivation, Qualifikation und Zufriedenheit der Mitarbeiter kommt insbesondere in Dienstleistungsunternehmen eine bedeutende Rolle zu, da die Qualitätswahrnehmung des Kunden durch den persönlichen Kontakt mit dem Mitarbeiter während der Leistungserstellung maßgeblich von dessen Verhalten beeinflusst wird (vgl. Müller 2004a, 43 / Stauss 1998, 373).

Prozessorientierung

Die erfolgreiche Realisierung der Kundenorientierung im Rahmen einer TQM-Strategie ist in einem entscheidenden Maße von der Prozessorien-

---

[16] Vgl. Müller 2004a, 43, 83.

tierung eines Unternehmens abhängig (vgl. Bovermann 1997, 36). In traditionellen, funktionsbezogenen Organisationsstrukturen verhindert laut Jung (1994, 141ff.) der sogenannte „Silo-Effekt" eine unternehmensweite Qualitätsverbesserung. Danach stehen Abteilungen in funktional organisierten Unternehmen oftmals isoliert nebeneinander, eigene Arbeitsschritte werden unabhängig von denen anderer Abteilungen betrachtet. Die Umsetzung einer konsequenten Kundenorientierung wird jedoch dann vereinfacht, wenn der Blick über die eigene Abteilung hinaus geht und die Arbeitsschritte als Prozessschritte[17] mit dem funktionsübergreifenden Ziel der Erfüllung der Kundenanforderungen betrachtet werden.

Die Prozessorientierung beinhaltet neben der Definition von Arbeitsprozessen auch deren ständige Verbesserung. Dazu sind Standards festzulegen, die die Qualität einzelner Prozessschritte spezifizieren und auf diese Weise die Prozessqualität messbar und damit auch steuerbar machen. Die Standards haben sich an den Kundenerwartungen an den Leistungserstellungsprozess zu orientieren und sind regelmäßig auf ihre Zweckmäßigkeit hin zu überprüfen.[18] Die interne Kunden-Lieferanten-Beziehung unterstützt die Prozessorientierung dahingehend, dass durch die Berücksichtigung der Qualitätsforderungen interner Kunden das prozessorientierte Qualitätsdenken angeregt wird (vgl. Seghezzi/Fahrni/Herrmann 2007, 175f.).

Kontinuierliche Verbesserung

In engem Zusammenhang mit der Prozessorientierung steht das Prinzip der kontinuierlichen Verbesserung. Diesem liegt das Verständnis zugrunde, dass Qualität nicht ein einmal erreichtes Ergebnis, sondern ein permanenter Prozess der Verbesserung ist. Das Prinzip basiert auf dem „Deming-Zyklus"[19], wonach die Qualität eines Prozesses mit einem kontinuierlichen Zyklus aus „Planen – Realisieren – Überprüfen – Korrigieren" schrittweise verbessert werden kann. Durch Prävention und ein verändertes Fehlerverständnis, das Fehler als Chance für Verbesserungen sieht und zur Optimierung der Prozesse nutzt, soll langfristig eine möglichst fehlerfreie Leistung zur Sicherstellung der Kundenzufriedenheit

---

[17] Oess (1991, 114) definiert einen Prozess als „… logische Abfolge von Aktivitäten zur Erreichung eines bestimmten Zieles."

[18] Vgl. Hummeltenberg 1995, 152.

[19] Vgl. Deming 1988, 87f.

erbracht werden.[20] Mittels einer kontinuierlichen Verbesserung kann das Qualitätsniveau einer Leistung gesteigert und an die wachsenden Kundenanforderungen angepasst werden (vgl. Abb. 4).

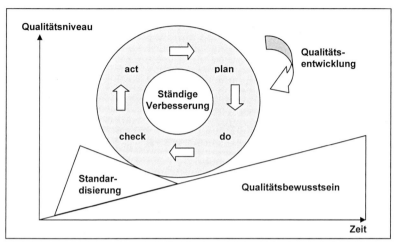

Abb. 4: Qualität als dynamischer Prozess[21]

2.1.5 Qualitätsmanagementsysteme
Die internationale Norm DIN EN ISO 9000:2000 normiert ein Qualitätsmanagementsystem als ein „System für die Festlegung der Qualitätspolitik und von Qualitätszielen sowie zum Erreichen dieser Ziele." (DIN e. V. 2001, 316). Ein Qualitätsmanagementsystem (QMS) dient der vereinfachten Darstellung und Strukturierung des Qualitätsmanagements. Es ermöglicht die Bildung der für die Planung, Steuerung und Umsetzung der Qualitätsmaßnahmen notwendigen aufbau- und ablauforganisatorischen Strukturen im Unternehmen, initiiert Maßnahmen und fördert eine Änderung des Verhaltens hin zu höheren Qualitätsansprüchen. Neben sämtlichen unternehmensinternen Abläufen werden auch die Beziehungen des Unternehmens zu seinem Umfeld berücksichtigt und z. B. Kunden und Lieferanten in die Systemstrukturen eingebunden.[22]

---

[20] Vgl. Reinhart/Lindemann/Heinzl 1996, 21 / Müller 2004a, 44.
[21] Quelle: Eigene grafische Darstellung in Anlehnung an Deming 1988, 87f.
[22] Vgl. Kamiske/Brauer 2006, 210 / Müller 2004a, 51.

Die Art des zu integrierenden Qualitätsmanagementsystems hängt von den individuellen Anforderungen des Unternehmens an das System ab, die sowohl unternehmensintern als auch unternehmensextern bedingt sein können.[23] Erstere entstehen aus den betriebsspezifischen Produkten, den Leistungserstellungsprozessen und dem Komplexitätsgrad der Unternehmensorganisation. Die externen Anforderungen leiten sich insbesondere aus den Forderungen der Kunden an die Qualität der Leistungen ab. Die Anforderungserfüllung durch ein QMS darf nicht nur unter qualitativen Gesichtspunkten geprüft werden, sondern muss auch eine Nutzen-, Kosten- und Risikobetrachtung einbeziehen. Aufgrund der individuellen Anforderungen kann es kein allgemein gültiges QMS geben, jedoch muss das ausgewählte System mit der Qualitätsplanung, -lenkung, -sicherung und -verbesserung die grundlegenden Aufgaben des Qualitätsmanagements erfüllen können.

Die Einteilung von Qualitätsmanagementsystemen in der Literatur ist uneinheitlich,[24] es lässt sich aber eine grundsätzliche Unterscheidung hinsichtlich Konzepten und Modellen ausmachen. Während die Konzepte die Vorstellungen eines Unternehmens zur Umsetzung seiner Qualitätsziele enthalten und damit die Grundlage für die Gestaltung des betrieblichen QMS bilden, dienen die Modelle der Veranschaulichung der Konzepte (vgl. Müller 2004a, 53). Abbildung 5 zeigt eine Auswahl an Qualitätskonzepten und -modellen.

Konzepte	Modelle
Qualitätssicherung und -lenkung	ISO 9001:2000
Qualitätsverbesserung	Kaizen
Total Quality Management	Deming Prize Malcolm Baldrige National Quality Award European Quality Award Schweizer Qualitätspreis für Business Excellence EFQM-Modell für Excellence

Abb. 5: Qualitätsmanagementkonzepte und -modelle[25]

---

[23] Die Überlegungen dieses Absatzes stützen sich auf Kamiske/Brauer 2006, 210ff. / Reinhart/Lindemann/Heinzl 1996, 195ff.

[24] Übersichten zu Qualitätsmanagementsystemen finden sich u. a. bei Lieb 1997, 36 / Müller 2004a, 54 / Seghezzi/Fahrni/Herrmann 2007, 218.

[25] Quelle: Eigene grafische Darstellung in Anlehnung an Seghezzi/Fahrni/Herrmann 2007, 218 / Müller 2004a, 54.

2.1.6 Nutzen des Qualitätsmanagements

Der durch das Qualitätsmanagement erzielbare wirtschaftliche Nutzen eines Unternehmens lässt sich nach Bruhn/Georgi (1999, 3f.) in erlössteigernde und kostensenkende Nutzenwirkungen unterteilen:

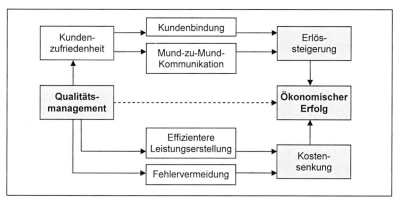

Abb. 6: Ökonomischer Nutzen des Qualitätsmanagements[26]

Über eine verbesserte Erfüllung der Kundenerwartungen unter zu Hilfenahme des Qualitätsmanagements lässt sich eine Steigerung der Kundenzufriedenheit erreichen, die wiederum das Kundenverhalten beeinflusst. Zufriedene Kunden lassen sich einfacher an das Unternehmen binden und sind zudem eher zu positiver Mund-zu-Mund-Kommunikation bereit, über die neue Kunden gewonnen werden können. Darüber hinaus kann eine hohe Kundenzufriedenheit durch das Vertrauen der Kunden in die Leistung die Preisstabilität sichern und zu einer größeren Akzeptanz eventueller Preissteigerungen führen. Zudem besteht die Möglichkeit, über eine Verbesserung der Kundenzufriedenheit einen höheren Marktanteil zu realisieren.[27]

„Qualitätsmanagement heißt aber nicht nur die ‚richtigen Dinge tun' im Sinne eines attraktiven Angebots für den Kunden, sondern auch ‚die Dinge richtig tun', im Sinne einer Prozessbeherrschung in der Produktion." (Kittinger-Rosanelli/Matzler 2004, 170). Als Folge der verbesserten Prozessbeherrschung durch das Qualitätsmanagement erhöht sich zum

---

[26] Quelle: Eigene grafische Darstellung gemäß Bruhn/Georgi 1999, 3.
[27] Vgl. Bruhn/Georgi 1999, 3f. / Kittinger-Rosanelli/Matzler 2004, 169.

einen die Produktivität, zum anderen werden Fehler vermieden, so dass weniger Ausschuss anfällt und die Notwendigkeit zur Nacharbeit abnimmt. Das Qualitätsmanagement führt somit durch eine Steigerung der Effizienz der innerbetrieblichen Prozesse und durch Vermeidung von Wiedergutmachungsaufwendungen zum Ausgleich für fehlerhafte Leistungen zu insgesamt niedrigeren Produktionskosten, die sich positiv auf den wirtschaftlichen Erfolg eines Unternehmens auswirken.[28] Hentschel (1992, 45ff.) weist auf die Qualitätsanpassungskosten wie Prüf- und Präventionskosten hin, die im Zuge einer Qualitätssicherung anfallen. Durch qualitätsbedingte Umsatzsteigerungen und mit zunehmender Qualitätssicherung sinkende Qualitätsabweichungskosten wie Fehler und Kundenfluktuationskosten bestehen jedoch Ansätze zu ihrer Kompensation.

Die mit Hilfe eines Qualitätsmanagements erzielbaren ökonomischen Vorteile können auch finanzwirtschaftliche Effekte auslösen. So kann eine Steigerung der Produktivität durch eine interne Optimierung der Prozesse eine erhöhte Sicherheit der unternehmerischen Cashflows und damit ein geringeres potenzielles Finanzrisiko signalisieren. Dieses kann wiederum zu einer besseren Einschätzung durch Kreditinstitute bei der Vergabe von Fremdkapital führen. Insbesondere im Zusammenhang mit „Basel II" wird die qualitätsorientierte Unternehmensführung ein zunehmend wichtiges Kriterium für die Kreditvergabe.[29]

„Damit wird klar, dass die Frage, was Qualität kostet, eigentlich falsch gestellt ist. Vielmehr ist zu fragen, was es kostet, Qualität zu vernachlässigen!" (Romeiß-Stracke 1995, 19).

---

[28] Vgl. Kittinger-Rosanelli/Matzler 2004, 170 / Bruhn/Georgi 1999, 3f.
[29] Vgl. Gürtler/Schnuck 2003, 35ff.

2.2 Bedeutung von Qualität in einer Destination

2.2.1 Gründe für die zunehmende Qualitätsbedeutung
Neben den wirtschaftlichen Vorteilen des Qualitätsmanagements (vgl. Kap. 2.1.6) gibt es zahlreiche externe, marktbedingte Gründe, die Destinationen[30] und die in ihnen ansässigen Tourismusunternehmen[31] zu einer qualitätsorientierten Ausrichtung veranlassen können. Es lassen sich konkurrenz- und nachfragebedingte Gründe unterscheiden:

Konkurrenzbedingte Gründe
Weltweit ist es durch Entwicklungen im Transport- und Kommunikationswesen sowie durch die Liberalisierung des Handelsverkehrs zum Aufbau neuer Destinationen gekommen. Insbesondere der zunehmende Flugverkehr und die daraus resultierende Relativierung von Distanzen haben diese Entwicklung begünstigt. Der Tourismus wird in immer mehr Ländern als Möglichkeit zur Förderung der Wirtschaft in strukturell schwachen Regionen sowie zur Verbesserung der Lebensverhältnisse der einheimischen Bevölkerung angesehen. Dabei können sich insbesondere die Destinationen in der südlichen Hemisphäre im Vergleich zu mitteleuropäischen Destinationen auf zahlreiche Wettbewerbsvorteile stützen. Neben dem Vorteil der Andersartigkeit der naturräumlichen und kulturellen Ausstattung und dem Klimavorteil ermöglichen Faktoren wie ein niedriges Kosten- und Lohnniveau, effiziente Betriebsgrößenstrukturen und Synergieeffekte aus Kooperationen eine vergleichsweise günstige Produktion vor Ort. Die Ausweitung des Destinationsangebots hat neben der steigenden Nachfrage nach neuen Urlaubsregionen maßgeblich zur Globalisierung des Tourismus beigetragen. Durch eine nicht in gleichem Maße wie die Angebotsentwicklung steigende Nachfrageentwicklung ist es zu einer Stärkung des Käufermarktes gekommen, der einen

---

[30] Bieger (2005, 56) definiert eine Destination als „Geographischer Raum (Ort, Region, Weiler), den der jeweilige Gast (oder ein Gästesegment) als Reiseziel auswählt. Sie enthält sämtliche für einen Aufenthalt notwendigen Einrichtungen für Beherbergung, Verpflegung, Unterhaltung/Beschäftigung. Sie ist damit die Wettbewerbseinheit [...], die als strategische Geschäftseinheit geführt werden muss."
[31] Tourismus bezeichnet die „Gesamtheit der Beziehungen und Erscheinungen, die sich aus einer Ortsveränderung und dem entsprechenden Aufenthalt von Personen ergeben, für die der Aufenthaltsort weder hauptsächlicher und dauernder Wohn- noch Aufenthaltsort ist." (Kaspar 1995, 27)

zunehmenden Wettbewerbsdruck auf die traditionellen Destinationen Mitteleuropas ausübt.[32]

Die materiellen Elemente touristischer Angebote gleichen sich weltweit zunehmend an und werden kopiert. Gleichzeitig kommt es zu einer „Vermassung" des Angebots, während Bedürfnisse einzelner Gäste zurückgedrängt werden.[33] Vor dem Hintergrund der angebotsseitigen Homogenisierungstendenzen bieten Verbesserungen in der Angebotsqualität eine Möglichkeit zur Profilierung im Wettbewerb. Die Differenzierung über eine Kostenführerschaft als Alternative zur Qualitätsstrategie hat aufgrund der Prägung der Struktur zahlreicher mitteleuropäischer Urlaubsregionen durch kleine und mittlere Unternehmen[34] und den daraus resultierenden fehlenden Größenwirtschaftlichkeits- und Synergieeffekten sowie dem im Vergleich zu vielen Ferndestinationen und Niedriglohnländern in Europa hohen Lohnniveau wenig Aussicht auf Erfolg (vgl. Pikkemaat/Weiermair 2004, 1 / Engl 2006, 121). Bezogen auf die Wettbewerbsfähigkeit traditioneller Zielgebiete in Europa bedeutet dies, dass eine kritische Analyse der touristischen Angebotsqualität von zwingender Notwendigkeit ist. Romeiß-Stracke (1998, 73ff.) konstatiert für deutsche Destinationen, dass die Auseinandersetzung mit der eigenen Angebotsqualität jahrelang versäumt wurde und sinkende Übernachtungszahlen auf Scheingründe wie die allgemeine Rezession oder ungünstige Wechselkurse statt auf Mängel im touristischen Angebot zurückgeführt wurden.

Nachfragebedingte Gründe

Eine Vielzahl von Gründen wie der schnelle ökonomische und technologische Wandel, Veränderungen in den Sozialstrukturen, ökologische Bedrohungen oder die zunehmende Überlastung im Alltag haben zu steigenden Ansprüchen an die Gestaltung der Freizeit geführt (vgl. Romeiß-Stracke 1995, 10f. / Müller 2004a, 12f.). Die Ansprüche und Bedürfnisse der Touristen[35] sind vielfältiger geworden und von einer hohen Individualität und Variabilität geprägt (vgl. Pikkemaat 2004, 104). Gemein ist den Gästen jedoch, dass sie der Qualität der angebotenen Leis-

---

[32] Vgl. Romeiß-Stracke 1995, 13ff. / Dettmer/Eisenstein et al. 2005, 21ff. / Tschurtschenthaler 1999, 13.

[33] Vgl. Müller 2004a, 13 / Romeiß-Stracke 1995, 11.

[34] Vgl. u. a. Pechlaner/Fischer/Priglinger 2006, 121ff. / Pompl/Buer 2006, 31.

[35] Die Begriffe „Tourist", „Gast" und „Nachfrage(r)" werden synonym verwendet.

tungen eine immer größere Bedeutung beimessen. Dabei legen sie weniger Wert auf die materiellen Leistungselemente als vielmehr auf den atmosphärischen Teil einer Urlaubsreise (vgl. Romeiß-Stracke 1995, 11 / Opaschowski 2001, 108ff.).

Eine weitere Ursache für das zunehmende Qualitätsbewusstsein der Touristen ist ihre gestiegene Reiseerfahrung. Durch die erhöhte Marktkenntnis hat der Gast mehr Vergleichmöglichkeiten und ist kritischer und fordernder hinsichtlich der Angebotsqualität geworden. Sein gestiegenes Selbstbewusstsein und die wahrgenommene Marktmacht veranlassen ihn zu einer verstärkten Einforderung der Erfüllung seiner Bedürfnisse.[36] Für die Sicherung der Konkurrenzfähigkeit einer Destination über eine Qualitätsstrategie bedeutet dies, dass die Beurteilungskompetenz des Gastes im Hinblick auf die Angebotsqualität nicht als Gefahr angesehen werden darf. Vielmehr muss sie als Chance begriffen werden, die Angebote an die Qualitätsvorstellungen des Gastes anzupassen, um diesen zufriedenstellen zu können. Es muss akzeptiert werden, dass der Gast die Maßstäbe hinsichtlich der Qualität setzt.[37]

2.2.2 Notwendigkeit eines Qualitätssystems in einer Destination

2.2.2.1 Besonderheiten der Qualität touristischer Dienstleistungen

Touristische Dienstleistungen sind immateriell, so dass der Gast die Leistung im Vorfeld der Inanspruchnahme nicht testen und ihre Qualität nicht beurteilen kann.[38] Mit dem Kauf erwirbt der Gast nicht die eigentliche Leistung, sondern lediglich das Anrecht auf die Leistungsinanspruchnahme, d. h. ein „Dienstleistungsversprechen" (Pompl 1997, 7). Er geht damit ein größeres Kaufrisiko als beim Erwerb einer Sachleistung ein. In Ermangelung objektiver Beurteilungsmöglichkeiten im Vorfeld der Leistungsinanspruchnahme entstehen unterschiedliche Vorstellungen und Qualitätserwartungen bei den Gästen. Aufgrund der Immaterialität und der daraus resultierenden Nicht-Lagerfähigkeit und Nicht-Transportfähigkeit ergibt sich die Notwendigkeit der zeitlichen und räumlichen Synchronisation von Produktion und Konsum touristischer

---

[36] Vgl. Dettmer/Eisenstein et al. 2005, 25ff. / Müller 2004a, 13.

[37] Vgl. Romeiß-Stracke 1995, 11f. / Opaschowski 2001, 115.

[38] Die Überlegungen dieses Absatzes stützen sich auf Krippendorf 1980, 18ff. / Pompl 1997, 6f. / Dettmer/Eisenstein et al. 2005, 48f.

Dienstleistungen („Uno-Actu-Prinzip"). In Verbindung mit der Nicht-Transportfähigkeit der touristischen Leistung hat der Zusammenfall von Produktion und Konsum zur Folge, dass der Gast für die Inanspruchnahme der Leistung an den Ort der Leistungserstellung kommen bzw. dorthin transportiert werden muss („Residenzprinzip").

Die Zeit- und Raumabhängigkeit der Leistungserstellung erschwert die Korrektur von Fehlern während des Erstellungsprozesses und führt dazu, dass qualitative Mängel unmittelbare Auswirkungen auf die Zufriedenheit eines Gastes haben. Qualität in Dienstleistungsbranchen wie dem Tourismus ist somit in besonderem Maße mit einem Null-Fehler-Anspruch verbunden.[39] Durch die Gleichzeitigkeit von Produktion und Konsum der Leistung ergibt sich als weitere Eigenschaft touristischer Dienstleistungen die Notwendigkeit der Integration eines externen Faktors[40] in den Leistungserstellungsprozess. Die wahrgenommene Gesamtqualität wird somit auch durch die Fähigkeit und Bereitschaft des Gastes zur Beteiligung am Produktionsprozess mitbestimmt. Da touristische Dienstleistungen oftmals als kollektive Leistungen für die gemeinsame Nutzung durch eine Vielzahl von Gästen erbracht werden, beeinflussen auch die Beziehungen zwischen den externen Faktoren die Wahrnehmung der Gesamtqualität.[41]

Neben den Besonderheiten, die sich aus der Dienstleistungseigenschaft ergeben, ist das touristische Produkt dadurch gekennzeichnet, dass es aus unterschiedlichen komplementären Sach- und Dienstleistungen touristischer Unternehmen sowie aus Teilen des naturräumlichen Angebots einer Destination besteht und den Charakter eines „Leistungsbündels" aufweist. Die Elemente des Leistungsbündels kennzeichnen sich durch eine enge Abhängigkeit untereinander, da der Gast in der Regel eine Kombination von Teilleistungen nachfragt. Die Anzahl und die Art der als Gesamtprodukt nachgefragten Teilleistungen können zwischen den Gästen differieren. So kann sich ein Gast viele verschiedene Angebotselemente wünschen, wohingegen ein zweiter Gast weniger, dafür aber andere Komponenten nachfragt.[42]

---

[39] Vgl. Freyer 2007, 269.
[40] Als externer Faktor wird die Person oder das Verfügungsobjekt bezeichnet, an der bzw. an dem die Dienstleistung erbracht wird (vgl. Kap. 2.1.2). In der vorliegenden Arbeit wird unter dem externen Faktor der Gast verstanden.
[41] Vgl. Pompl 1997, 7f.
[42] Vgl. Kaspar 1995, 27f. / Müller 2004a, 34 / Tschurtschenthaler 2006, 102.

Die touristische Dienstleistung wird oftmals als eine Sequenz dargestellt, d. h. eine Kette von zeitlich und räumlich aneinander gereihten Teilleistungen vom ersten bis zum letzten Kontakt des Gastes mit dem Anbieter (vgl. Pompl 1997, 6 / Müller 2004a, 72f.). Abbildung 7 zeigt einen Auszug aus der touristischen Dienstleistungskette.

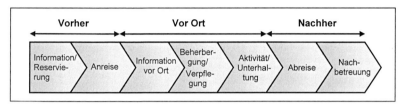

Abb. 7: Auszug aus der touristischen Dienstleistungskette[43]

Entsprechend der materiellen, immateriellen und natürlichen Angebotselemente des Leistungsbündels werden im Tourismus die Qualitätskomponenten Hardware, Software und Umwelt unterschieden:

Hardware

Die Qualität der materiellen Bestandteile, der Hardware einer touristischen Leistung, teilt sich in die funktionale und die ästhetische Qualität.[44] Die funktionale Qualität bezieht sich auf die Erfüllung der von den Ausstattungselementen erwarteten Gebrauchstüchtigkeit. Die Prioritätensetzung bei der materiellen Ausstattung muss sich an den Vorstellungen des Gastes orientieren. Es darf nicht der Versuch unternommen werden, das Defizit einer Funktion durch vermeintlichen Ersatz an anderer Stelle auszugleichen. Der Gast hat durch seine gestiegene Reiseerfahrung und die daraus resultierenden Möglichkeiten zum Vergleich zwischen einer Vielzahl touristischer Angebote eine hohe Beurteilungskompetenz und erkennt derartige Ungleichmäßigkeiten. Funktionale Qualität bedeutet zudem, dass die verwendeten Ausstattungselemente dem Ausstattungsniveau beispielsweise eines Drei-Sterne-Hotels entsprechen.

Ästhetische Qualität im Tourismus äußert sich in der Architektur und Innenarchitektur von Gebäuden, in Accessoires und Dekorationselementen, im Licht sowie in Gerüchen und der Klarheit der Luft.

---

[43] Quelle: Eigene grafische Darstellung in Anlehnung an Müller 2004a, 73.
[44] Die Ausführungen zur Hardware stützen sich auf Romeiß-Stracke 1995, 22ff.

Umwelt

Im Hinblick auf die Umweltqualität im Tourismus wird zwischen der natürlichen und der gebauten Umwelt unterschieden. Die natürliche Umwelt stellt einen Teil des ursprünglichen, nicht speziell für den Tourismus geschaffenen Angebots einer Destination dar und umfasst die Landschaft, die Flora und Fauna sowie das Klima. Die gebaute Umwelt bezeichnet die allgemeine Infrastruktur, zu der z. B. Einrichtungen der Ver- und Entsorgung gehören. Der Tourismus steht in einem Abhängigkeitsverhältnis zur Umwelt, welches dadurch bedingt ist, dass der Gast das ursprüngliche Angebot oftmals als wichtigste Voraussetzung für die Eignung einer Region als Feriengebiet ansieht und eine attraktive naturräumliche Ausstattung zum Hauptkriterium für die Wahl seines Reiseziels macht.[45] Gleichzeitig löst der Tourismus Effekte aus, die die Umweltqualität beeinträchtigen. Neben kurzfristigen Belastungen wie einem zusätzlichen Verkehrs- oder Müllaufkommen werden durch die touristische Nutzung von Regionen auch langfristig wirkende Beeinträchtigungen der Umweltqualität gefördert. Aufgrund der hohen Bedeutung des ursprünglichen Angebots für den Gast ist seine Nutzung für eine Destination in der Regel unerlässlich.[46] Dabei stellt sich die Herausforderung, die Umweltqualität nachhaltig zu pflegen, um eine touristische Nutzung der Region auch für zukünftige Generationen gewährleisten zu können (vgl. Bieger 2005, 30ff., 45f.).

Software

„Die Quellen für die erfolgsbestimmenden Unterschiede im Qualitätserlebnis liegen weniger in der Ausstattung (= Hardware bzw. harte Qualität – diese wird vom Gast weitgehend als selbstverständlich vorausgesetzt) als vielmehr in der Dienstleistungsqualität [...] (= Software, weiche Qualität), die dann letzten Endes über [...] Zufriedenheit oder Unzufriedenheit [des Gastes] entscheidet." (Kohl 1998, 30). In einem Käufermarkt mit zunehmend homogenen Angeboten wird die Qualität der personenabhängigen Serviceleistungen zum entscheidenden Erfolgsfaktor im Wettbewerb.

---

[45] Vgl. Kaspar 1995, 30 / Romeiß-Stracke 1998, 30.

[46] Eine Ausnahme bilden Erlebniswelten, d. h. künstlich geplante, kommerzielle Freizeitbereiche, für deren Erstellung die natürlichen Gegebenheiten nicht von Bedeutung sind oder diese technisch reproduziert werden (vgl. hierzu Kagelmann 1998, 61 / Bachleitner 1998, 45).

Die Qualitätskomponente Service spiegelt sich in der zwischenmenschlichen Beziehung zum Gast wider. Die Basis für die Erbringung eines guten, den Gast zufriedenstellenden Services ist die Strukturierung der betrieblichen Aufgaben in Form von Prozessen sowie die konsequente Orientierung des unternehmerischen Denkens und Handelns an den Wünschen und Erwartungen der Gäste. Die Arbeitsabläufe sind als Servicekette zu verstehen, von deren Gliedern der Gast eine unterschiedliche materielle und immaterielle Qualität erwartet. Jedes Glied ist für die Erfüllung der definierten Erwartungshaltung verantwortlich und trägt zur Gesamtqualität der Servicekette bei, die ausschlaggebend für die Leistungsbeurteilung des Gastes ist.[47] Bezogen auf die Servicequalität muss jeder Kontaktpunkt zwischen Mitarbeiter und Gast innerhalb der Kette entsprechend den Gästeerwartungen optimal ausgestaltet werden. Dem Mitarbeiter mit direktem Kundenkontakt kommt damit eine entscheidende Rolle hinsichtlich der Erbringung einer aus Gästesicht zufriedenstellenden Servicequalität zu.

Zur Softwarequalität zählt ferner die Qualität der dem Gast zur Verfügung gestellten Informationen.[48] Eine wichtige Rolle spielt die Verfügbarkeit und Richtigkeit der bereitgestellten Informationen vor der Reise. Allgemeine Informationen über Reiseziele sollen den Gast zuverlässig bei der Auswahl einer Urlaubsregion unterstützen. Hierzu stehen ihm Informationskanäle wie Kataloge, Anzeigen, Berichte von Bekannten oder Reiseführer zur Verfügung. Darüber hinaus benötigt der Gast im Vorfeld einer Reise verbindliche Informationen über Fahrpläne, Preise oder Buchungsmöglichkeiten. Insbesondere bei dieser Informationsart spielt die Zuverlässigkeit eine entscheidende Rolle, da beispielsweise nachträglich korrigierte Preise schnell zu Unzufriedenheit führen können. Einen unmittelbaren Angebotsbestandteil einer Destination stellen die Informationen dar, die der Gast während des Aufenthalts im Urlaubsgebiet erhält. Hierzu gehören Veranstaltungskalender, Wanderkarten, Informationsbroschüren oder auch Hinweisschilder. Sie sollen dem Gast die sichere Orientierung vor Ort erleichtern. Neben der Richtigkeit der Informationen hängt ihre Qualität auch von der Form, dem Zeitpunkt sowie dem Ort der Bereitstellung ab.

---

[47] Vgl. Romeiß-Stracke 1995, 32f.
[48] Die Überlegungen zur Qualität der Informationen stützen sich auf Romeiß-Stracke 1995, 30f.

Müller (2004a, 35) ergänzt die Gastfreundlichkeit und die Mentalität der Bewohner einer Urlaubsregion als einen weiteren Bestandteil der Softwarequalität touristischer Dienstleistungen. Abbildung 8 fasst die Qualitätskomponenten im Tourismus zusammen.

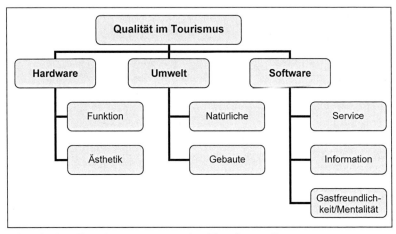

Abb. 8: Qualitätskomponenten im Tourismus[49]

Der Gast nimmt die touristische Dienstleistung nicht als eine Kombination verschiedener Teilleistungen, sondern als ein Gesamtprodukt wahr. Dieser ganzheitlichen Sichtweise entsprechend trifft er sein Qualitätsurteil über die touristische Gesamtleistung und differenziert nicht zwischen einzelnen Angebotselementen. Aus der Kundenperspektive betrachtet ergibt sich die Qualität touristischer Dienstleistungen wie bei allen Dienstleistungen durch den Abgleich der Erwartungen bzw. Forderungen des Gastes an eine Leistung mit der tatsächlich erhaltenen Leistung. Da die Erwartungshaltung neben der Kommunikation des Anbieters und dem Preis der Leistung durch individuelle Faktoren wie mündliche Empfehlungen, persönliche Bedürfnisse und bisherige Erfahrungen beeinflusst wird, sehen sich touristische Anbieter mit sehr heterogenen Qualitätserwartungen und -ansprüchen seitens ihrer Gäste konfrontiert.[50]

---

[49] Quelle: Eigene grafische Darstellung gemäß Romeiß-Stracke 1995, 20 / Müller 2004a, 35.

[50] Vgl. Pikkemaat 2004, 99 / Pompl 1997, 19f.

Gästeerwartungen lassen sich in verschiedene Ebenen gliedern, da ihre Erfüllung nicht immer in gleichem Maße zur Zufriedenstellung des Gastes beiträgt. Müller (2004a, 71f.) unterscheidet die folgenden vier Erwartungsebenen:

- Der *Grundnutzen* stellt den primären Zweck einer Leistung dar.
- *Erwartetes* umfasst Angebotselemente, die der Gast aus seiner Erfahrung heraus kennt und wünscht.
- *Erwünschtes* beinhaltet Angebotsbestandteile, die der Gast nicht als selbstverständlich voraussetzt, die er jedoch als angenehm empfindet.
- *Unerwartetes* umfasst überraschende Leistungen, die Begeisterung beim Gast auslösen.

Die Zuordnung der Angebotselemente zu den einzelnen Erwartungsebenen differiert zwischen den Gästen und hängt insbesondere von der Reiseerfahrung jedes einzelnen Gastes ab. So ändert sich die Kategorisierung der Erwartungen mit steigender Reiseerfahrung, da ehemals begeisternde Leistungen mit zunehmender Nutzung erwartet und irgendwann vorausgesetzt werden. Gleichzeitig entwickelt der Gast neue qualitative Anforderungen an die touristische Dienstleistung.[51]

Die Besonderheiten der Dienstleistungsproduktion, die Vielzahl der zum Leistungsbündel gehörenden Teilleistungen, die vielfältigen Qualitätskomponenten sowie die Subjektivität der Qualitätswahrnehmung erschweren die Erstellung von Qualität im Tourismus. Damit eine Destination dennoch der Tatsache gerecht werden kann, dass für den Gast die Gesamtqualität der touristischen Leistung ausschlaggebend ist und sich eine qualitativ hochwertige und begeisternde Situation für ihn aus dem Zusammenwirken der drei Qualitätskomponenten Hardware, Software und Umwelt ergibt[52], bedarf es einer prozessorientierten Steuerung aller Qualitätskomponenten über die gesamte Leistungskette und damit der Einrichtung eines umfassenden Qualitätsmanagements in einer Destination.

---

[51] Vgl. Müller 2004a, 72.
[52] Vgl. Romeiß-Stracke 1995, 21 / Müller 2004a, 35.

2.2.2.2 Problematik der Qualitätssteuerung

Die verschiedenen Teilleistungen des Tourismusproduktes werden in der Regel von einer Vielzahl dezentraler Anbieter erbracht.[53] Neben den in der Destination ansässigen privaten Leistungsträgern sind auch Anbieter außerhalb der Destination wie beispielsweise Verkehrsunternehmen an der Leistungserstellung beteiligt. Darüber hinaus gehören Leistungen halböffentlicher Anbieter und der öffentlichen Hand wie bestimmte Infrastruktureinrichtungen zum Gesamtangebot eines touristischen Zielgebiets. Damit das Angebot einer Destination vom Nachfrager trotz der Vielzahl der an der Leistungserstellung beteiligten Akteure als ein aufeinander abgestimmtes, einheitliches Produkt wahrgenommen wird, bedarf es der Koordination der einzelnen Teilleistungen. Diese Aufgabe kommt der Tourismusorganisation zu und bezieht sich in erster Linie auf die in der Region agierenden Anbieter.

„Als Tourismusorganisationen bezeichnen wir Verwaltungseinheiten und private Körperschaften, welche touristische Leistungen markttransparent gestalten, vermitteln und Teilfunktionen von Tourismusunternehmungen und -orten (Reisezielen) koordinieren." (Kaspar 1995, 38)

Die Wahrnehmung der Koordinierungsaufgabe zwischen den eigenständigen Leistungserbringern in einer Destination gestaltet sich aufgrund der „Doppelfunktion der Tourismusorganisation" (Bieger 2005, 97) schwierig. Danach ist eine Tourismusorganisation zum einen für das Management des eigenen Unternehmens verantwortlich. Die Finanzierung ihrer Arbeit über öffentliche Gelder erfordert eine Legitimation des Handelns gegenüber den Geldgebern, die jedoch durch fehlende Erfolgskennziffern behindert wird. Die begrenzten Möglichkeiten zum Nachweis der eigenen Berechtigung schränken ebenso wie die mögliche Einflussnahme der Geldgeber die Handlungs- und Entscheidungsfreiheit der Tourismusorganisation ein.[54] Zum anderen ist die Tourismusorganisation für die Steuerung der Gesamtleistung einer Destination und damit für die Koordination des touristischen Angebots verantwortlich. Aufgrund der fehlenden Weisungsbefugnis gegenüber den eigenständigen Leistungserbringern hat sie jedoch nur beschränkte Einflussmöglichkei-

---

[53] Die Ausführungen dieses Absatzes stützen sich auf Tschurtschenthaler 2006, 102f. / Bieger 2005, 65.
[54] Vgl. Bieger 2005, 97ff.

ten auf die Leistungserstellung und auf die Qualität der touristischen Teilleistungen.[55] Um trotz der Vielzahl der unabhängigen Leistungsträger eine gute Qualität in der gesamten touristischen Dienstleistungskette zu erbringen, muss bei möglichst vielen Leistungsträgern ein hohes Qualitätsbewusstsein enwickelt werden. Zusätzlich muss eine Sensibilisierung für das Verhältnis der Leistungserbringer untereinander stattfinden. Diese müssen zu „... unverzichtbaren Partnern im Qualitätsmanagement der Destination..." (Beritelli 1999, 38) werden und die Kooperationsnotwendigkeit zum Zweck der Qualitätsverbesserung erkennen.[56]

Die Tourismusorganisation ist der Einflussnahme einer Vielzahl von Anspruchsgruppen wie z. B. den Einwohnern der Destination, den regionalen und überregionalen Verwaltungsbehörden, den Mitgliedsbetrieben oder Umweltschutzverbänden ausgesetzt (vgl. Abb. 9). Deren vielfältige Ansprüche leiten sich aus den ökonomischen, sozialen und ökologischen Wechselwirkungen des Tourismus mit seiner Umwelt ab und sind bei der Planung und Gestaltung des Tourismus in einer Destination entsprechend zu berücksichtigen.[57]

Örtliche Anspruchsgruppen	Marktliche Anspruchsgruppen
• Aufsichtsgremien der Tourismusorganisation • Mitgliedsbetriebe • Mitarbeiter der Tourismusorganisation • Gemeinde • Grundbesitzer	• Reisejournalisten • Vermarktungskooperationen • Reiseveranstalter und Reisebüros • Gäste
Gesellschaftliche Anspruchsgruppen	**Politische Anspruchsgruppen**
• Bürgerinitiativen, Umweltschutzorganisationen • Allgemeine Öffentlichkeit • Medien	• Land und Bund, Region • Interessenvertretungen

Abb. 9: Anspruchsgruppen einer Tourismusorganisation[58]

Über die Vielzahl der zu berücksichtigenden Ansprüche hinaus erschwert auch die begrenzte Beeinflussbarkeit wichtiger Qualitätskomponenten die Steuerung der Gesamtdestinationsqualität. Eine schwer zu

---

[55] Vgl. Dettmer/Eisenstein et al. 2005, 36.
[56] In Anlehnung an Müller 2004a, 73.
[57] Vgl. Dettmer/Eisenstein et al. 2005, 43.
[58] Quelle: Eigene grafische Darstellung in Anlehnung an Walch 1999, 141.

beeinflussende und steuerbare Qualitätskomponente ist die Gastfreundlichkeit der Einwohner einer Destination. Gleichwohl ist eine entsprechende Einstellung und ein ausgeprägtes gastfreundliches Verhalten der Bewohner den Gästen gegenüber eine Grundvoraussetzung für ein positives Qualitätsempfinden auf Seiten der Besucher.[59] Die vom Gast hoch eingeschätzte natürliche Umwelt kann zwar für den Tourismus erschlossen sowie für zukünftige Nachfrager erhalten werden, eine positive Beeinflussung ist jedoch nur bedingt möglich (vgl. Kaspar 1995, 30). Darüber hinaus bilden öffentliche Güter einer Destination wie z. B. Wanderwege eine schwer steuerbare Größe. Von ihrer Nutzung kann niemand ausgeschlossen werden, so dass sich private Anbieter in der Regel nicht an ihrer Erbringung beteiligen und diese von der Bereitstellung öffentlicher Gelder abhängig ist. Da durch die Erstellung keine direkten finanziellen Vorteile entstehen, wird von einer Förderung oftmals abgesehen.[60]

Die Vielzahl eigenständiger Leistungserbringer und weiterer Anspruchsgruppen, die fehlende Weisungsbefugnis und die Doppelfunktion der Tourismusorganisation sowie die begrenzte Beeinflussbarkeit wichtiger Qualitätskomponenten schränken die Möglichkeiten der Tourismusorganisation zur Steuerung der Angebotsqualität über die gesamte Leistungskette hinweg ein. Ein umfassendes Qualitätssystem[61] in einer Destination kann die Qualitätssteuerung über die im System enthaltenen Standards erleichtern[62] und das Qualitätsbewusstsein bei den Leistungsträgern fördern.

---

[59] Vgl. Romeiß-Stracke 1995, 26ff. / Dettmer/Eisenstein et al. 2005, 43.

[60] Vgl. Bieger 2005, 18.

[61] Eine eindeutige Definition eines Qualitätssystems, insbesondere auch in Bezug auf die Destination, liegt in der untersuchten Literatur nicht vor. Das Verständnis eines Qualitätssystems in der vorliegenden Arbeit geht über die Bedeutung eines Qualitätsmanagementsystems (vgl. Kap. 2.1.5) hinaus. Ein Qualitätssystem gibt die für alle Beteiligten geltende Organisation bzw. Struktur der Bemühungen zum Erreichen von Qualität in einer Destination vor. Ein Qualitätsmanagementsystem kann dabei einen Bestandteil des Qualitätssystems bilden und durch die Implementierung in einem Unternehmen zur Umsetzung der Anforderungen des Qualitätssystems beitragen (vgl. Kap. 5.2.1.1).

[62] Vgl. auch Romeiß-Stracke 1995, 94.

2.2.2.3 Problematik der Qualitätsbeurteilung und -dokumentation
Dienstleistungen im Allgemeinen und touristische Dienstleistungen im
Speziellen sind aufgrund ihrer spezifischen Eigenschaften schwieriger zu
beurteilen als Sachgüter, die einen hohen Anteil an Produkteigenschaften
aufweisen, anhand derer sich ihre Qualität bereits vor dem Kauf beurteilen lässt („Sucheigenschaften"). Touristische Dienstleistungen hingegen
sind durch „Erfahrungseigenschaften" geprägt, d. h. Produkteigenschaften, die sich erst während und nach dem Erstellungsprozess bewerten
lassen. Einige Tourismusleistungen weisen zudem Eigenschaften auf, die
gar nicht oder nur unter hohem Aufwand zu beurteilen sind („Vertrauenseigenschaften"). Hierzu gehören beispielsweise die gesundheitlichen
Auswirkungen eines Aufenthalts in einem Luftkurort. Aufgrund des hohen Anteils an Erfahrungs- und Vertrauenseigenschaften in touristischen
Dienstleistungen besteht zum Zeitpunkt der Reiseentscheidung eine In-
formationsasymmetrie zu Lasten des Nachfragers, die sich in einem erhöhten Kaufrisiko äußert. Damit dennoch eine Transaktion stattfindet,
besteht sowohl beim Anbieter als auch beim Nachfrager ein Interesse am
Abbau der Informationsunsicherheit.[63] Ein Qualitätszeichen, welches im
Rahmen eines Qualitätssystems verliehen wird, kann hierzu einen Beitrag
leisten. „Qualitätszeichen im Tourismus versprechen eine touristische
Leistung auf einem bestimmten Leistungsniveau bzw. mit einer bestimmten Güte." (Freyer/Dreyer 2004, 73).
Ein Qualitätszeichen und die ihm zugrunde liegenden Standards können dem Gast als Orientierungspunkt dienen und so die Kaufentscheidung erleichtern.[64] Das Zeichen hilft vor und während der Leistungsinanspruchnahme Unsicherheiten hinsichtlich der Angebotsqualität abzu-
bauen. Neben der Qualitätssicherungs- und Risikominderungsfunktion
hat ein Qualitätszeichen für den Gast auch eine Informations-, Vertrau-
ens- und Prestigefunktion. Den Leistungsträgern einer Destination gibt
ein Qualitätszeichen die Möglichkeit der gemeinsamen Verbesserung
bzw. Stabilisierung der Wettbewerbs- und Verhandlungsposition und
dient auf diesem Wege der Profilierung gegenüber Konkurrenzdestinationen. Darüber hinaus kann ein Qualitätszeichen als Kommunikations-
instrument eingesetzt werden, das extern zu zusätzlicher Marktwirkung
und intern zu einer Aufwertung des Unternehmens aus Sicht des Perso-

---

[63] Vgl. Wöhler 2004, 25ff. / Darby/Karni 1973, 68ff.
[64] Die Überlegungen dieses Absatzes stützen sich auf Raich/Abfalter 2004, 202ff. /
Bruhn/Hadwich 2004, 14.

nals führen kann. Es kann somit insgesamt zur Verbesserung des Unternehmensimages beitragen. Damit ein Qualitätszeichen diesen Aufgaben gerecht werden kann, muss es sowohl aus Sicht des Anbieters als auch aus Sicht des Nachfragers bestimmte Anforderungen erfüllen:

Anbieterperspektive	Nachfragerperspektive
• Effektivität des Einsatzes • Profilierung gegenüber Wettbewerbern • Wirtschaftlichkeit des Einsatzes	• Bekanntheit • Glaubwürdigkeit • Verständlichkeit • Vergleichbarkeit • Kongruenz von Informationsbedürfnis und Qualitätssignal

Abb. 10: Anforderungen an Qualitätszeichen[65]

Nach Freyer/Dreyer (2004, 73ff.) lassen sich touristische Qualitätszeichen in die fünf Hauptgruppen Zertifizierungen, Klassifizierungen, Siegel bzw. Labels, Prämierungen sowie Markierungen einteilen, wobei diese jeweils unterschiedliche Aspekte der Qualität kennzeichnen und sich vorrangig hinsichtlich der Verbindlichkeit der Kriterien unterscheiden.

In der Literatur wird mehrfach kritisiert, dass der Großteil der Qualitätszeichen im Tourismus primär quantitative Kriterien der Hardware berücksichtigt, da diese objektiv messbar sind und Standards somit unproblematischer definiert werden können.[66] Demgegenüber werden die „weichen" Kriterien der Softwarequalität, die subjektiv und von der bewertenden Person abhängig sind, nur rudimentär beachtet. Bieger (2005, 266) ergänzt, dass sich viele Qualitätskontrollen auf die Endqualität konzentrieren, während die Bewertung der prozessorientierten Servicequalität lediglich eingeschränkt Berücksichtigung findet. Die Kontrollen fokussieren zudem oftmals nur einzelne Teilleistungen und umfassen nicht die gesamte Destination. Derartige Qualitätszeichen können der Tatsache, dass der Gast eine qualitativ hochwertige Hardware voraussetzt, sich seine Zufriedenheit hingegen zunehmend über die erlebte Servicequalität definiert und er eine gute Qualität des Gesamtproduktes erwartet, nicht entsprechen.

---

[65] Quelle: Eigene grafische Darstellung in Anlehnung an Bruhn/Hadwich 2004, 15ff.
[66] Eine derartige Kritik wird u. a. von Freyer/Dreyer 2004, 75 / Raich/Abfalter 2004, 211 / Bieger 2005, 265f. geübt.

2.2.2.4 Zusammenfassung

Abbildung 11 fasst die Faktoren zusammen, die neben den innerbetrieblichen Vorteilen des Qualitätsmanagements (vgl. Kap. 2.1.6) und den marktbedingten Gründen für die zunehmende Qualitätsbedeutung im Tourismus (vgl. Kap. 2.2.1) die Einrichtung eines Qualitätssystems in einer Destination erfordern.

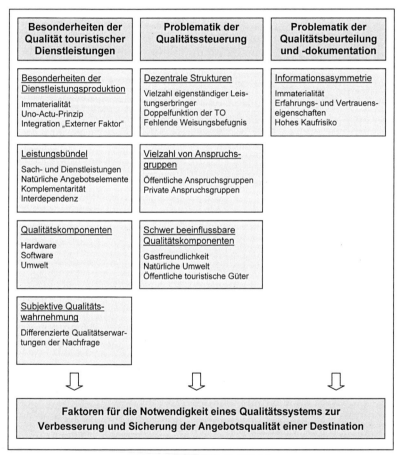

Abb. 11: Faktoren für die Notwendigkeit eines Qualitätssystems in einer Destination

3. Grundlagen zur Qualifizierung

3.1 Begriffsbestimmungen

Im Rahmen dieses Forschungsansatzes sollen die Anforderungen an ein ganzheitliches Qualitäts- und Qualifizierungssystem in einer Destination dargelegt werden, das im Bereich der Qualifizierung auf die Weiterbildung der touristischen Akteure der Destination abstellt. Entsprechend dieser Zielsetzung werden im Rahmen der Diskussion um die Anforderungen an das Qualifizierungssystem die Begriffe „Weiterbildung" und „Qualifizierung" verwendet. Im Folgenden sollen beide Begriffe detaillierter betrachtet und eine Abgrenzung vorgenommen werden.

In der vorliegenden Arbeit wird zur Erklärung des Weiterbildungsbegriffs die Definition des Deutschen Bildungsrats herangezogen. Dieser versteht unter Weiterbildung die:

> „... Fortsetzung oder Wiederaufnahme organisierten Lernens nach Abschluss einer unterschiedlich ausgedehnten ersten Bildungsphase..." (Deutscher Bildungsrat 1970, 250).

Genauer betrachtet umfasst Weiterbildung „... alle zielbezogen geplanten und in organisierter Form durchgeführten Maßnahmen der Qualifizierung von Personen oder Gruppen, die auf einer Erstausbildung oder einer ersten beruflichen Tätigkeit aufbauen..." (Becker 1999, 6).

> „Unter Qualifizierung versteht man den Prozess der Vermittlung von Qualifikationen." (Staehle 1999, 871)

Als Qualifikation einer Person wird die „... Gesamtheit an individuellen Fähigkeiten, Fertigkeiten und Kenntnissen im Berufsleben bezeichnet, die zur Erledigung arbeitsplatzspezifischer Tätigkeiten befähigt." (Staehle 1999, 179). Entsprechend der Definition des Qualifizierungsbegriffs und der in dieser Arbeit vorgenommenen Fokussierung auf die Weiterbildung wird unter „Qualifizierung" der Prozess der Vermittlung von Qualifikationen im Rahmen der Weiterbildung verstanden.

In der Literatur wird der Weiterbildungsbegriff oftmals gleichbedeutend mit dem Begriff der Fortbildung verwendet.[1] Dieser Auffassung schließt sich die vorliegende Arbeit an.

3.2 Allgemeine Weiterbildungstheorie

3.2.1 Einordnung der Weiterbildung in den Unternehmenskontext
Weiterbildung unterteilt sich in die allgemeine, die berufliche und die politische Weiterbildung. Die politische Weiterbildung bezeichnet die „… vielfältigen, meist staatlich finanzierten Bemühungen, die Interessen und Fähigkeiten der Bürger und Bürgerinnen auf politische Zusammenhänge zu lenken, ihre politischen Kenntnisse und Einsichten zu erweitern, ihre Urteilskraft zu stärken und ggf. ihr politisches Engagement zu fördern." (Schubert/Klein 2003, 224f.). Die allgemeine Weiterbildung dient der Förderung der Allgemeinbildung und beinhaltet die „… Aneignung von grundlegenden Erkenntniskategorien und -methoden, Schlüsselqualifikationen, Einstellungen und Haltungen, die in jedem Lebensbereich notwendig sind und gewonnen werden können…" (Becker 2002, 153). Die berufliche Weiterbildung zielt laut dem Berufsbildungsgesetz vom 23. März 2005 auf die Erhaltung, die Anpassung und die Erweiterung der beruflichen Handlungsfähigkeit ab (vgl. BBiG § 1 Abs. 4). Eine klare Abgrenzung der allgemeinen und der beruflichen Weiterbildung ist nur schwer möglich, da die im Rahmen der allgemeinen Weiterbildung aus persönlichem Interesse erworbenen Kenntnisse und Fähigkeiten wie z. B. Sprachkenntnisse auch der Weiterentwicklung der beruflichen Fähigkeiten dienen können (vgl. Reinemann 2002, 26f.). Vielmehr stehen beide in einem Abhängigkeitsverhältnis: Die berufliche Bildung wäre ohne Allgemeinbildung nicht möglich und eine allgemeine Bildung ohne Anwendungsmöglichkeiten würde wirkungslos bleiben (vgl. von Bardeleben/Böll/Kühn 1986, 35).

Hinsichtlich der beruflichen Weiterbildung wird eine Unterscheidung in betriebliche und außerbetriebliche Weiterbildung vorgenommen. Aufgrund der Dominanz der beruflichen gegenüber den allgemeinen Inhalten in der betrieblichen Weiterbildung wird diese der beruflichen Wei-

---

[1] Vgl. u. a. Becker 2002, 153 / Pawlowsky/Bäumer 1996, 8 / Berthel/Becker 2003, 302.

terbildung zugeordnet.[2] Abbildung 12 gibt einen Überblick über die vom Unternehmen beeinflussbare Weiterbildung.

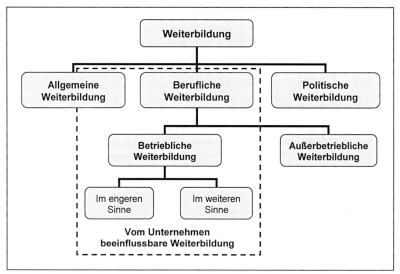

Abb. 12: Vom Unternehmen beeinflussbare Weiterbildung[3]

Die betriebliche Weiterbildung wird neben der Berufsausbildung dem Bereich der betrieblichen Bildung zugeordnet, die auf die Vermittlung der zur Wahrnehmung der unternehmerischen Aufgaben erforderlichen Qualifikationen abzielt. Sie gehört neben der Förderung der Mitarbeiter, deren Maßnahmen auf die Position des Einzelnen im Unternehmen und sein berufliches Weiterkommen abzielen, zum unternehmerischen Funktionsbereich der Personalentwicklung.[4]

---

[2] Vgl. Pawlowsky/Bäumer 1996, 10 / von Bardeleben/Böll/Kühn 1986, 35.
[3] Quelle: Eigene grafische Darstellung in Anlehnung an Pawlowsky/Bäumer 1996, 10.
[4] Vgl. Becker 2002, 6 / Mentzel 2005, 2f.

3.2.2 Betriebliche Weiterbildung

3.2.2.1 Formen der betrieblichen Weiterbildung
Die betriebliche Weiterbildung lässt sich hinsichtlich ihrer Maßnahmen
in Weiterbildung im engeren und im weiteren Sinne unterteilen.

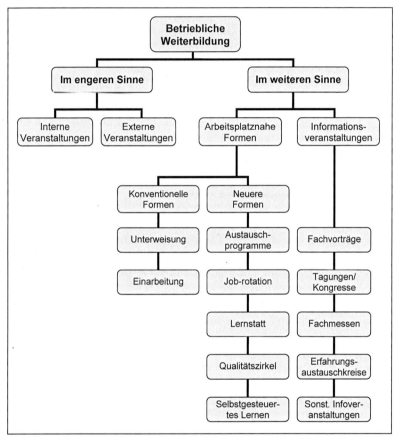

Abb. 13: Betriebliche Weiterbildung im engeren und weiteren Sinne[5]

---

[5] Quelle: Eigene grafische Darstellung gemäß Grünewald/Moraal 1996, 12.

Die Weiterbildung im engeren Sinne umfasst die „klassischen" Formen der Weiterbildung, d. h. unternehmensinterne und -externe organisierte Weiterbildungsmaßnahmen, die in Form von Seminaren, Kursen und Lehrveranstaltungen durchgeführt werden. Als betriebliche Weiterbildung im weiteren Sinne werden Informationsveranstaltungen und arbeitsplatznahe Weiterbildungsformen wie die Unterweisung oder das selbstgesteuerte Lernen bezeichnet.[6] Das Bundesministerium für Bildung und Forschung (2006, 12) beschreibt die weniger formal-organisierten Weiterbildungsmaßnahmen als „informelle" Weiterbildung.[7] In der Literatur finden sich häufig Systematisierungen, die die betrieblichen Bildungsmaßnahmen hinsichtlich ihrer Nähe zum Arbeitsplatz in Maßnahmen „on the job" und „off the job" unterteilen.[8] Weiterbildungsveranstaltungen im engeren Sinne stellen „off-the-job"-Maßnahmen dar, da sie räumlich nicht an einen konkreten Arbeitsplatz gebunden sind.

Die betriebliche Weiterbildung wird hinsichtlich ihrer Durchführungsverantwortung in interne und externe Weiterbildung unterteilt. Bei der internen Weiterbildung lässt das Unternehmen die Weiterbildungsmaßnahmen von eigenem Lehrpersonal oder von fremdem, durch das Unternehmen beauftragtem Lehrpersonal durchführen. Die Planungs-, Zielsetzungs- und Durchführungsverantwortung liegt beim Unternehmen selbst. Dagegen werden bei der externen Weiterbildung die Mitarbeiter gegen Entgelt zu Maßnahmen entsandt, die von einem unternehmensunabhängigen, „freien" Weiterbildungsanbieter geplant und durchgeführt werden. Die Zielsetzung und Gestaltung der Maßnahmen kann nicht unmittelbar vom Unternehmen beeinflusst werden.[9] Demnach können neben betrieblichen Bildungsabteilungen auch externe Einrichtungen und Organisationen als Weiterbildungsträger auftreten. Hierzu gehören öffentliche Träger wie staatliche Schulen, partikulare Weiterbildungsträger wie Wirtschaftsverbände und -kammern sowie private Weiterbildungsunternehmen.[10]

---

[6] Vgl. Reinemann 2002, 28ff. / Grünewald/Moraal 1996, 11f.

[7] Die weiteren Ausführungen zur betrieblichen Weiterbildung beziehen sich gemäß der Abgrenzung des Weiterbildungsbegriffs (vgl. Kap. 3.1) auf die formal-organisierte und damit auf die betriebliche Weiterbildung im engeren Sinne.

[8] Derartige Systematisierungen finden sich u. a. bei Scholz 2000, 511 / Bröckermann 2003, 436ff.

[9] Vgl. Becker 2002, 154 / Bröckermann 2003, 439ff.

[10] Vgl. Faulstich 1998, 183ff.

Eine weitere Differenzierung von Weiterbildungsmaßnahmen kann nach dem Veranstaltungsort vorgenommen werden. So kann eine Veranstaltung mit externer Durchführungsverantwortung nicht nur in den Räumlichkeiten des Weiterbildungsanbieters stattfinden, sondern auch direkt im Unternehmen, d. h. „in-house", durchgeführt werden. Interne Weiterbildungsmaßnahmen werden hingegen in der Regel nur „out-house" durchgeführt, wenn sie einen Belohnungscharakter haben.[11]

Gemäß dem Berufsbildungsgesetz vom 23. März 2005 soll „die berufliche Fortbildung [...] es ermöglichen, die berufliche Handlungsfähigkeit zu erhalten und anzupassen oder zu erweitern und beruflich aufzusteigen." (BBiG § 1 Abs. 4). Daraus leiten sich als Aufgabenbereiche der betrieblichen Weiterbildung die Anpassungs- und die Aufstiegsfortbildung ab. Bei der Anpassungsfortbildung werden die vom Mitarbeiter bereits erworbenen Qualifikationen sowie sein Arbeits- und Sozialverhalten an die sich ändernden Rahmenbedingungen seines Arbeitsplatzes angepasst. Derartige Anpassungsmaßnahmen sind insbesondere aufgrund des technologischen und organisatorischen Wandels notwendig und dienen der Förderung der „horizontalen Mobilität" der Mitarbeiter. Die Aufstiegsfortbildung umfasst Bildungsmaßnahmen, die den Mitarbeiter in die Lage versetzen sollen, qualifiziertere Tätigkeiten und höherwertige Positionen im Unternehmen wahrnehmen zu können. Es werden zwei Formen der Aufstiegsfortbildung unterschieden: Die positionsorientierte Personalentwicklung zielt auf die Übernahme einer ganz bestimmten Position ab, wohingegen die potenzialorientierte Personalentwicklung die generelle Qualifizierung von Nachwuchskräften bezeichnet. Insgesamt dient die Aufstiegsfortbildung der Förderung der „vertikalen Mobilität" der Mitarbeiter.[12]

Darüber hinaus kann die betriebliche Weiterbildung auch auf die Korrektur bzw. den Neuerwerb einer Erstausbildung abzielen. „Die berufliche Umschulung soll zu einer anderen beruflichen Tätigkeit befähigen." (BBiG § 1 Abs. 4). Bei einer Umschulung strebt der Mitarbeiter zusätzlich zu seiner vorhandenen Qualifikation den Abschluss eines anerkannten Berufs an, der sich in der Regel von seiner Vorqualifikation deutlich unterscheidet. Die Umschulung erfolgt in organisierter Form und stellt eine Teilaufgabe der betrieblichen Weiterbildung dar.[13]

---

[11] Vgl. Reinemann 2002, 29f.
[12] Vgl. Bröckermann 2003, 426, 431 / Becker 2002, 153.
[13] Vgl. Becker 1999, 6.

Abbildung 14 gibt einen Überblick über die Formen der betrieblichen Weiterbildung.

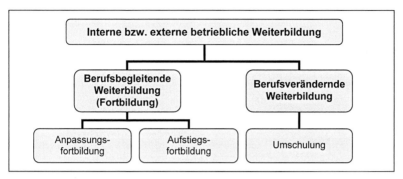

Abb. 14: Formen der betrieblichen Weiterbildung

Weiterbildungsmaßnahmen können anhand unterschiedlicher Kriterien segmentiert werden. Becker (2002, 168) gibt in seinem Segmentierungswürfel betrieblicher Weiterbildung eine Übersicht über mögliche Kriterien.

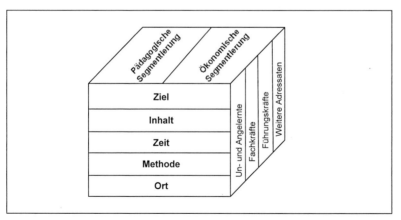

Abb. 15: Segmentierungswürfel betrieblicher Weiterbildung[14]

---

[14] Quelle: Eigene grafische Darstellung gemäß Becker 2002, 168.

Dem Segmentierungswürfel zufolge können Weiterbildungsmaßnahmen anhand ihrer Ziele, ihrer Inhalte, ihrer Zeitdauer, ihrer Methode und des Ortes der Weiterbildung unterteilt werden. Zudem kann eine Einteilung anhand der Adressaten bzw. Zielgruppen vorgenommen werden, an die sich eine Maßnahme richtet. Eine Segmentierung ist sowohl aus pädagogischen als auch aus ökonomischen Gründen erforderlich. Die pädagogische Segmentierung soll sicherstellen, dass ein Mitarbeiter gemäß seinem Leistungswillen und seiner persönlichen Leistungsfähigkeit nur das leistet, was er will bzw. kann und die vermittelten Qualifikationen mit den derzeitigen und/oder zukünftigen Aufgaben des Mitarbeiters übereinstimmen. Die ökonomisch motivierte Segmentierung begrenzt die Weiterbildung anhand der Unternehmensziele auf den betrieblich notwendigen und finanzierbaren Qualifikationsbedarf.[15]

3.2.2.2 Ziele der betrieblichen Weiterbildung

„Die Weiterbildung [in der betrieblichen Praxis] zielt auf den Erhalt und die Entfaltung der personalen Leistungsfähigkeiten der Mitarbeiter und bewirkt durch die Anwendung der erworbenen Befähigung eine Weiterentwicklung der Unternehmen..." (Becker 1999, 5). Mit der Weiterbildung werden somit sowohl betriebliche Ziele als auch individuelle Ziele der Beschäftigten verfolgt. Mit den gesellschaftlichen Zielen ergibt sich eine dritte Zieldimension.

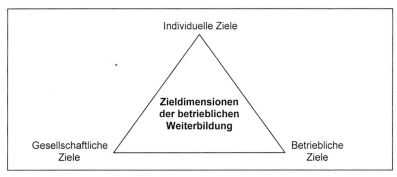

Abb. 16: Zieldimensionen der betrieblichen Weiterbildung

---

[15] Vgl. Becker 2002, 166ff.

Die individuellen Ziele der Weiterbildung leiten sich aus den Absichten ab, die der jeweilige Mitarbeiter mit der Weiterbildung verfolgt. Hierzu gehören beispielsweise die Beschäftigungs- und Einkommenssicherung, der berufliche Aufstieg oder die Anpassung der persönlichen Fähigkeiten. Zudem stärkt die Weiterbildung die Verhandlungsposition des Mitarbeiters hinsichtlich der Verwertung seiner Fähigkeiten und stellt seine Wechselfähigkeit sicher.[16] Die betrieblichen Ziele der Weiterbildung sind in der wirtschaftlichen Grundausrichtung eines Unternehmens begründet.[17] Dieses verfolgt mit der Weiterbildung seiner Mitarbeiter eine Sicherung und Steigerung der unternehmensspezifischen Leistungsfähigkeit. Gut ausgebildete Mitarbeiter tragen zur Stärkung der Innovationsfähigkeit sowie zur Realisierung von Qualitätsverbesserungen bei. Weiterbildungsmaßnahmen erhöhen zudem die Flexibilität der Mitarbeiter hinsichtlich ihrer Einsatzmöglichkeiten und verbessern auf diese Weise die Anpassungsfähigkeit eines Unternehmens an veränderte Rahmenbedingungen. Durch ihren Beitrag zur Verbesserung von wirtschafts-, struktur- und arbeitsmarktpolitischen Aspekten und somit zur Stärkung der volkswirtschaftlichen Leistungsfähigkeit sowie der internationalen Wettbewerbsfähigkeit einer Gesellschaft und ihrer Wirtschaftssubjekte fördert die betriebliche Weiterbildung auch die Erreichung gesellschaftlicher Ziele (vgl. Becker 1999, 17 / Pawlowsky/Bäumer 1996, 11f.).

Die Zieldimensionen der Weiterbildung stehen nicht isoliert nebeneinander. So kann z. B. eine Schulung sowohl im Interesse des Unternehmens zum Zweck der Aufrechterhaltung der betrieblichen Leistungsfähigkeit als auch im Interesse des Mitarbeiters zur Sicherung des Arbeitsplatzes liegen. Durch den Beitrag der Schulung zur Weiterbeschäftigung des Mitarbeiters und der daraus folgenden Erhaltung der Gesellschaftsordnung kommt die Maßnahme auch gesellschaftlichen Interessen nach. Weiterbildungsziele können komplementär, aber auch indifferent und konträr sein.[18] Eine grundlegende Voraussetzung für das Erreichen der betrieblichen und individuellen Weiterbildungsziele ist die Weiterbildungsmotivation der Mitarbeiter. Nach Wittmann (1997, 10) lassen sich in Bezug auf die Weiterbildung drei Motivationsphasen unterscheiden:

---

[16] Vgl. Becker 2002, 156f.
[17] Die Ausführungen zu den betrieblichen Zielen stützen sich auf Becker 2002, 156f. / Becker 2005, 13f.
[18] Vgl. Schmidt-Lauff 1999, 54f. / Becker 2002, 159.

- Motivation zur Weiterbildung (Zugangs- oder Teilnahmemotivation)
- Motivation in der Weiterbildung (Durchhaltemotivation)
- Motivation nach der Weiterbildung (Transfermotivation oder Motivation zum Weiterbildungserfolg).

Während die erstgenannte Motivationsphase die Motive des Mitarbeiters zur Teilnahme an Weiterbildungsmaßnahmen umfasst, bezeichnet die Durchhaltemotivation die Disziplin, eine begonnene Weiterbildung erfolgreich abzuschließen. Die Transfermotivation beinhaltet die Motive, die den Mitarbeiter zur Übertragung des Gelernten in das Arbeitsfeld veranlassen. In der Lernmotivation lassen sich wie in der Arbeitsmotivation intrinsische und extrinsische Motivation unterscheiden. Während die intrinsische Motivation aus dem Interesse des Mitarbeiters an seiner Tätigkeit selbst zustande kommt, entsteht die extrinsische Motivation durch von außen kommende Belohnungsanreize.[19]

3.2.2.3 Prozess der betrieblichen Weiterbildung

Betriebliche Weiterbildungsmaßnahmen sind proaktiv, das heißt vorausschauend, durchzuführen, um das Auftreten von Qualifikationsdefiziten und in der Folge von möglichen Qualitätsmängeln und Unzufriedenheit beim Kunden zu vermeiden.[20] Eine vorausschauende Weiterbildung bedeutet jedoch nicht, Mitarbeiter „auf Vorrat" weiterzubilden, da sich erworbene Kenntnisse und Fähigkeiten bei fehlenden Anwendungsmöglichkeiten verflüchtigen und damit nutzlos werden. Vielmehr ist die Weiterbildung auf den tatsächlichen derzeitigen und zukünftigen Bildungsbedarf des Unternehmens bzw. des Mitarbeiters abzustimmen. Neben einer vorausschauenden und bedarfsorientierten Planung und Durchführung von Weiterbildungsmaßnahmen trägt auch ein systematisches Vorgehen bei der Qualifizierung zum Erfolg der Weiterbildung bei. Zudem ist es wichtig, dem Mitarbeiter die Ziele seiner Weiterbildung transparent zu machen, um ihn auf diese Weise zu motivieren.

Die Planung und Durchführung der betrieblichen Weiterbildungsmaßnahmen erfolgt im Rahmen der Personalentwicklung (vgl. Kap. 3.2.1). In der Literatur werden unterschiedliche Konzepte der Personal-

---

[19] Vgl. Jung 2006, 371 / Becker 2002, 183.
[20] Die Ausführungen dieses Absatzes stützen sich auf Becker 1999, 17f.

entwicklung vorgestellt.[21] Faulstich (1998, 38ff.) weist darauf hin, dass Art und Umfang der Konzepte und damit auch der Weiterbildungsstrategien von Faktoren wie Branche, Unternehmensgröße oder der unternehmensinternen Personalorganisation abhängig sind. Ein umfassendes Personalentwicklungskonzept bietet Becker (2005, 17ff.) mit dem „Funktionszyklus systematischer Personalentwicklung" (vgl. Abb. 17), der ein in „… den einzelnen Phasen aufeinander abgestimmtes Verfahren zur Planung, Realisierung, Steuerung und Kontrolle konkreter Personalentwicklungsmaßnahmen…" darstellt.

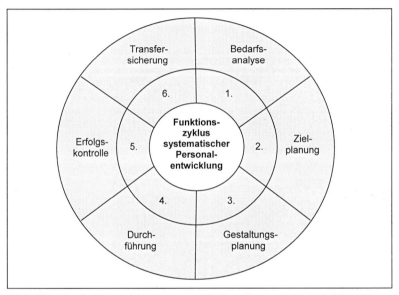

Abb. 17: Funktionszyklus systematischer Personalentwicklung[22]

Den Ausgangspunkt einer systematischen Personalentwicklung bildet die Analyse des aktuellen und künftigen qualitativen Personalbedarfs. Dazu ist im Rahmen der Bedarfsanalyse eine Anforderungsanalyse durchzuführen, die die derzeitigen und zukünftig zu erwartenden Aufgaben der Beschäftigten und die daraus entstehenden Qualifikationsanforderungen

---

[21] Derartige Konzepte finden sich u. a. bei Becker 2005, 17ff. / Bröckermann 2003, 407ff. / Mentzel 2005, 18ff. / Küppers/Leuthold/Pütz 2001, 3 / Jung 2006, 268.
[22] Quelle: Eigene grafische Darstellung gemäß Becker 2005, 17.

ermittelt. Mit Hilfe einer Adressatenanalyse werden in einem zweiten Schritt die bestehenden Befähigungen der Mitarbeiter hinsichtlich Qualifikation und Motivation betrachtet und die gegenwärtigen Potenziale der Beschäftigten zur Wahrnehmung andersartiger oder höherwertiger Tätigkeiten untersucht. Eine Gegenüberstellung der Ergebnisse zeigt, inwieweit die Mitarbeiter anforderungsgerecht, über- oder unterqualifiziert und motiviert sind. Als letzte Analysestufe prüft die Ursachenanalyse, ob mögliche Differenzen in der Qualifikation, Motivation oder in der Arbeitsumgebung des Mitarbeiters begründet sind.[23] Die anschließende Zielplanung legt zum einen als Reichweitenplanung den Umfang der Personalentwicklungsmaßnahmen, zum anderen als Interessensplanung die betrieblichen und individuellen Absichten fest, die mit der Personalentwicklung verfolgt werden sollen (vgl. Becker 2005, 18). Die Gestaltungsplanung beinhaltet die Festlegung der Lerngegenstände, der Lehr- und Lernformen, des Zeitpunktes sowie der Zeitdauer und zeitlichen Abfolge der Maßnahmen, der finanziellen, organisatorischen und personellen Ressourcen sowie die Auswahl des Lehrpersonals und des Teilnehmerkreises (vgl. Becker 2005, 110). Während der Durchführung der Bildungsmaßnahmen bedarf es seitens der Personalentwickler einer ständigen Verlaufskontrolle und einer eventuellen inhaltlichen, zielbezogenen oder pädagogischen Korrektur. Die Erfolgskontrolle im Anschluss an die Durchführung der Weiterbildungsmaßnahmen erfolgt im Lernfeld und richtet sich auf den pädagogischen und betriebswirtschaftlichen Erfolg der durchgeführten Personalentwicklungsmaßnahmen. Im Rahmen der pädagogischen Erfolgskontrolle werden z. B. Zielkontrollen, Inputkontrollen oder Lernfortschrittskontrollen durchgeführt. Der betriebswirtschaftliche Erfolg der Maßnahmen wird mit Hilfe einer Kosten- und Erlösrechnung ermittelt.[24] Als letzten Schritt einer systematischen Personalentwicklung umfasst der Funktionszyklus nach Becker die im Arbeitsfeld erfolgende Transfersicherung. „Personalentwicklungsmaßnahmen sind erst dann erfolgreich abgeschlossen, wenn die Mitarbeiterinnen und Mitarbeiter das Gelernte am Arbeitsplatz dauerhaft zur Bewältigung ihrer Aufgaben anwenden." (Becker 2005, 19). Transfer meint dabei den Prozess der „... Übertragung, Verallgemeinerung oder Anwendung von Gelerntem aus einer Lernsituation in eine Arbeitssitua-

---

[23] Vgl. Becker 2005, 17f.
[24] Vgl. Becker 2005, 18, 195ff.

tion." (Faulstich 1998, 193). Das Transferproblem ist ein Grundproblem insbesondere formal-organisierter Bildungsmaßnahmen, da der Lernort nicht gleich dem Arbeitsort ist und damit die Möglichkeit besteht, dass erworbene Kompetenzen und angestrebte Qualifikationen nicht vollständig übereinstimmen. Transferbarrieren können sowohl im Lern- und Arbeitsfeld wie beispielsweise unklare Lernziele oder mangelnde Zeit zur Anwendung des Gelernten als auch in der fehlenden Motivation oder Einsicht in die Anwendung der Lernenden liegen.[25]

Ein weiterer Aspekt, der zwar in den betrachteten Konzepten der Personalentwicklung bzw. der Weiterbildung nicht explizit genannt wird, dennoch zum Prozess der Weiterbildung gehört, da er alle ihre Bereiche überzieht, ist die Qualitätssicherung. Abbildung 18 gibt einen Überblick über die verschiedenen Reichweiten der Qualitätsdebatte in der Weiterbildung.

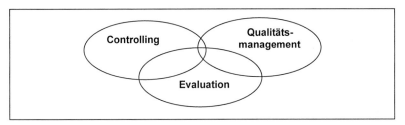

Abb. 18: Ebenen der Qualitätssicherung in der Weiterbildung[26]

Im Rahmen des Qualitätsmanagements unterwerfen Weiterbildungsanbieter ihre Angebote einem internen Qualitätssicherungssystem und lassen sich die Qualität ihrer Institution durch ein Zertifikat dokumentieren.[27] Das Bildungscontrolling setzt nicht erst bei der Ergebniskontrolle an, sondern bezieht den gesamten Prozess der betrieblichen Weiterbildung von der Planung bis zur Transfersicherung in die Qualitätssteuerung ein. Die Nutzung eines Qualitätsmanagements und eines Controllings in der betrieblichen Weiterbildung ist nur sinnvoll, wenn mit Hilfe der Evaluation zusätzlich die Qualität der zur Durchführung eingesetzten Ressourcen (Input) und der erworbenen Qualifikationen (Output)

---

[25] Vgl. Faulstich 1998, 193ff.
[26] Quelle: Eigene grafische Darstellung gemäß Faulstich 1998, 203.
[27] Die Überlegungen dieses Absatzes stützen sich auf Faulstich 1998, 206ff.

sowie die Qualität des Transfers kontrolliert werden. Insgesamt bedarf es eines kombinierten Qualitätssicherungssystems, welches die Träger- bzw. Einrichtungsqualität einschließlich der Qualifikation des Weiterbildungspersonals, die Durchführungsqualität, die Ergebnisqualität im Lernfeld sowie die Übertragungsqualität im Arbeitsfeld überprüft.

3.2.3 Betriebliche Weiterbildung im Wandel

3.2.3.1 Veränderte ökonomische und gesellschaftliche Rahmenbedingungen
Eine Vielzahl an Veränderungen in der Arbeitswelt, den sozialen Strukturen sowie den Wertestrukturen werfen stetig neue Weiterbildungsbedarfe auf und werden der betrieblichen Weiterbildung damit zukünftig eine noch größere Bedeutung verleihen.[28]

Wissenschaft und Arbeitswelt
Die Wissenschaftsentwicklung wird zunehmend dynamischer und bringt eine Vielzahl neuer, global verfügbarer Technologien insbesondere im Informationssektor hervor.[29] Informationen können preiswert und ohne Zeitverlust verbreitet, verarbeitet und gespeichert werden. Die „Informatisierung der Arbeit" (Rürup 2001, 15) ermöglicht die Zerlegung von Produktionsprozessen und führt zu immer kürzeren Produktlebenszyklen. Die Globalisierung fördert das Aufkommen weiterer Konkurrenten hinsichtlich Produkten, Preis und Qualität. Angesichts der Marktdynamik sind eine schnelle Reaktionsfähigkeit und hohe Flexibilität der Unternehmen zu wichtigen Erfolgsfaktoren im Wettbewerb geworden. Die Weiterbildung als Maßnahme zur Flexibilisierung der Unternehmen gewinnt weiter an Bedeutung.

Die Globalisierung und Informatisierung der Arbeitswelt haben zur Folge, dass stetig mehr Wissen verfügbar ist. Der Anteil von Wissen in Produkten, Dienstleistungen und Produktionsprozessen steigt branchenübergreifend an. Zur Erreichung von Wettbewerbsvorteilen ist verstärkt besonderes Wissen erforderlich, das zur Entwicklung von individuellen Problemlösungen befähigt. Da „Wissen und Information [...] die wich-

---

[28] Im Folgenden werden lediglich die Veränderungen dargestellt, die Einfluss auf die Bedeutung der betrieblichen Weiterbildung ausüben.

[29] Die Ausführungen dieses Absatzes stützen sich auf Rürup 2001, 15ff. / Faulstich 1998, 17f. / Schmidt-Lauff 1999, 59.

tigsten Wachstumsfaktoren der Zukunft..." (Rürup 2001, 31) in Hoch-kostenländern darstellen, ist eine kontinuierliche Anpassung der Qualifikationen an verändertes und neues Wissen erforderlich. Um in dieser Situation die Leistungsfähigkeit und die Wettbewerbsfähigkeit eines Unternehmens zu erhalten, ist die formale Erstausbildung der Mitarbeiter nicht ausreichend. Vielmehr bedarf es einer laufenden Weiterentwicklung der Mitarbeiterqualifikationen im Sinne eines lebenslangen Lernens.[30]

Ferner geht mit der Globalisierung und Informatisierung ein dienstleistungsorientierter Strukturwandel einher.[31] Während produktive Tätigkeiten an Bedeutung verlieren, werden insbesondere kundenspezifische produkt- und absatzbegleitende Dienstleistungen wichtiger. Der „Prozess der Tertiarisierung" (Faulstich 1998, 17) bringt steigende Qualifikationserfordernisse mit sich, da in seiner Folge mehr höherwertige Aufgaben in Bereichen wie Organisation, Management und Information entstehen. Gleichzeitig werden mit dem Bedeutungsgewinn von Wissen und Information die von den Mitarbeitern zu erfüllenden Aufgaben vielfältiger und erfordern für ihre Bewältigung eine Vielzahl verschiedener Qualifikationen.

Demografische Entwicklung

Verschiedene Bevölkerungsprojektionen gehen davon aus, dass die Bevölkerungszahl in den meisten westeuropäischen Ländern in den nächsten Jahrzehnten merklich zurückgehen wird. Gleichzeitig wird das Durchschnittsalter der Bevölkerungen durch den Anstieg der Lebenserwartung bedeutend ansteigen.[32] Aufgrund der Veränderung der Altersstruktur droht der Nachwuchs an Erwerbstätigen geringer auszufallen als zur Bestandserhaltung notwendig wäre, so dass Unternehmen sich u. a. darauf einstellen müssen, der Marktdynamik mit einer insgesamt älteren Belegschaft begegnen zu müssen. Damit ein Unternehmen vor dem Hintergrund der steigenden Wettbewerbsintensität bestehen kann, ist eine Aufrechterhaltung der Beschäftigungsfähigkeit aller Mitarbeiter und insbesondere auch der älteren Mitarbeiter erforderlich, um diese möglichst

---

[30] Vgl. Rürup 2001, 30f. / Regnet 2003, 57 / Fuchs 2003, 148.
[31] Die Ausführungen dieses Absatzes stützen sich auf Faulstich 1998, 17f. / Schmidt-Lauff 1999, 59 / Holz/Da-Cruz 2007, 17.
[32] Vgl. Swiaczny 2005, 18ff., 39f. / Birg 2000, 41ff., 44ff./ Schoenmaeckers/ Kotowska 2005, 38ff.

lange im Betrieb einsetzen zu können. Eine wichtige Maßnahme zur Erhaltung der Beschäftigungsfähigkeit einer Belegschaft ist die kontinuierliche Anpassung und Weiterentwicklung des im Unternehmen vorhandenen Wissens.[33]

Wertewandel
„Veränderte Bezüge zur Arbeitswelt und Umbrüche in der demographischen Struktur sind auch Auslöser für weitgehende Einstellungsveränderungen breiter Bevölkerungsgruppen." (Faulstich 1998, 18). Während die Absolutheit des Leistungsprinzips an Bedeutung verliert, dehnt sich der in der Freizeit bereits bestehende Wunsch nach sinnvoller Beschäftigung und Selbstverwirklichung auf die Arbeitswelt aus. Insgesamt werden höhere qualitative Ansprüche an das Arbeitsleben gestellt: „… die als sinnlos erlebte Arbeit wird in Frage gestellt, nicht die Arbeit an sich." (Regnet 2003, 56). Bestehende Strukturen und Hierarchien werden hinterfragt, bei Mitarbeitern entsteht ein wachsendes Bedürfnis an Information und Partizipation an unternehmerischen Prozessen.[34] Voraussetzung für eine stärkere Partizipation der Mitarbeiter und eine Dezentralisierung von Entscheidungskompetenzen ist eine fundierte Qualifikation kombiniert mit einer kontinuierlichen Weiterentwicklung der Kenntnisse, Fähigkeiten und Fertigkeiten im Rahmen der betrieblichen Weiterbildung.

3.2.3.2 Konsequenzen für die Ausgestaltung der betrieblichen Weiterbildung
Die dargestellten Entwicklungen verdeutlichen nicht nur den Bedeutungsgewinn einer kontinuierlichen betrieblichen Weiterbildung, sondern beeinflussen diese auch in ihrer Ausgestaltung.

Unternehmen sind aufgrund der sich intensivierenden Marktdynamik gefordert, die Personalressourcen wertschöpfend und erfolgsorientiert einzusetzen. Investitionen in die Mitarbeiter wie Bildungsetats werden gekürzt oder zumindest effizienzorientierter vergeben. Damit ist auch die betriebliche Weiterbildung einem stärkeren Legitimationsdruck und einer steigenden Anzahl an Erfolgskontrollen ausgesetzt.[35] In der Folge der Notwendigkeit zur Rechenschaftsablegung über die Wirtschaftlichkeit der Weiterbildung gewinnen der Transfer des Gelernten in das Arbeits-

---

[33] Vgl. Ehrentraut/Fetzer 2007, 25ff. / Holz/Da-Cruz 2007, 17f.
[34] Vgl. Faulstich 1998, 18f. / Regnet 2003, 56.
[35] Vgl. Schmidt-Lauff 1999, 60f.

feld sowie die Qualitätssicherung in der betrieblichen Weiterbildung weiter an Bedeutung (vgl. Faulstich 1998, 51).

Vor dem Hintergrund einer wachsenden Erfolgsnotwendigkeit der Weiterbildung verliert die Durchführung betrieblicher Bildungsmaßnahmen in Form standardisierter Programme an Bedeutung. Die Nachfrager von Weiterbildungsleistungen verlangen verstärkt eine auf ihre spezifischen Bedarfe abgestimmte praxisnahe Weiterbildung. Sowohl externe Weiterbildungsanbieter als auch interne Personalentwicklungsabteilungen sind gezwungen, ihre Abnehmer als Kunden zu betrachten, an deren Bedürfnissen sie sich zu orientieren haben.[36] Die Inhalte der betrieblichen Weiterbildung konzentrieren sich nicht mehr ausschließlich auf die Vermittlung fachlicher Kenntnisse zur Bewältigung konkreter beruflicher Aufgaben, sondern passen sich an die komplexeren, fachübergreifenden Anforderungen an, denen die Mitarbeiter eines Unternehmens im Hinblick auf technische, organisatorische und soziale Veränderungen entsprechen müssen. Die betrieblichen Weiterbildungsbemühungen verschieben sich zusehends von einer spezialisierten zu einer allgemeinen, „extrafunktionalen" (Faulstich 1998, 49) Qualifizierung.[37] Die extrafunktionalen Qualifikationen werden unter dem Begriff der „Schlüsselqualifikationen" zusammengefasst:

„Schlüsselqualifikationen sind [...] solche Kenntnisse, Fähigkeiten und Fertigkeiten, welche nicht unmittelbaren und begrenzten Bezug zu bestimmten, disparaten praktischen Tätigkeiten erbringen, sondern vielmehr a) die Eignung für eine große Zahl von Positionen und Funktionen als alternative Optionen zum gleichen Zeitpunkt und b) die Eignung für die Bewältigung einer Sequenz von (meist unvorhersehbaren) Änderungen und Anforderungen im Laufe des Lebens." (Mertens 1974, 40)

Zu den Schlüsselqualifikationen zählen die Methoden-, die Sozial- und die Individualkompetenz. Während sich die Methodenkompetenz auf die Fähigkeit zur Analyse und Lösung betrieblicher Problemstellungen bezieht, umfasst die Sozialkompetenz die Fähigkeit zur Zusammenarbeit mit anderen Personen und Gruppen innerhalb eines Unternehmens bzw. in dessen Umfeld. Voraussetzung für die Entwicklung der Methoden- und Sozialkompetenz ist eine hohe Individualkompetenz, die sich unmit-

---

[36] Vgl. Faulstich 1998, 51ff.
[37] Vgl. Schmidt-Lauff 1999, 56.

telbar auf die Persönlichkeit einer Person bezieht.[38] Mundt (2006, 535) ergänzt, dass Schlüsselqualifikationen insbesondere im Dienstleistungsbereich von besonderer Bedeutung sind, da Zuwächse in der Produktivität – anders als in der Güterproduktion – weniger durch Arbeitsteilung, sondern in der Regel durch Arbeitsbündelung erreicht werden. So müssen Mitarbeiter die Fähigkeit besitzen, mehrere Tätigkeiten auszuüben und innerhalb kurzer Zeit zwischen verschiedenen Tätigkeitsfeldern zu wechseln.

---

[38] Vgl. Tschurtschenthaler 2004, 112f. / Füglistaller/Seiler 1999, 73f. zitiert nach Tschurtschenthaler 2004, 112.

3.3 Bedeutung betrieblicher Weiterbildung in einer Destination

3.3.1 Berufsfelder und Beschäftigungsmerkmale im Tourismus

Die Teilleistungen des touristischen Leistungsbündels werden von einer Vielzahl an Leistungsträgern erbracht (vgl. Kap. 2.2.2.2). Aufgrund der Zugehörigkeit der Leistungsträger zu verschiedenen Bereichen der Wirtschaft kann ein eindeutiger Wirtschaftszweig Tourismus nicht definiert werden. Nach Freyer (2006, 131) lässt sich die Tourismuswirtschaft vielmehr in drei Bereiche einteilen:

Tourismuswirtschaft im engeren Sinne	Ergänzende Tourismuswirtschaft	Touristische Randindustrie
Reiseveranstalterbetriebe Reisemittlerbetriebe Beherbergungsbetriebe Bäderwesen Verkehrsbetriebe ▪ Straße ▪ Schiene ▪ Luft ▪ Wasser Tourismusgemeinden und -gebiete (Destinationen) Tourismusbetriebe Tourismusvereine Tourismusverbände Tourismusorganisationen Kongress-/Tagungswesen Messe-/Ausstellungswesen	**Produktion** Souvenirindustrie Reiseausrüster Fahrzeugbau Buch- und Zeitschriften-verlage (Reisepublikationen) Arzneimittelindustrie **Dienstleistungsbetriebe** Animateure, Gästeführer, Reiseleiter Reisejournalisten Kreditinstitute (Reisedevisen) Versicherungsunternehmen Verleihfirmen (Autos, Fahrrä-der, etc.) Ausbildungsstätten Marktforschungsinstitute Behörden, Verwaltung Regierung, Ministerien	**Produktion** Sportartikelindustrie Bekleidungsindustrie Fotoindustrie Kosmetikindustrie Arzneimittelindustrie Elektroindustrie Bäcker **Dienstleistungsbetriebe** Gastronomiebetriebe Sportbetriebe Friseurbetriebe Reparaturbetriebe Tankstellen, Automobilclubs Bergbahnen, Skilifte Spielbanken Kulturanbieter Ärzte, Masseure
Typische Tourismusbetriebe bieten typische Tourismus-leistungen an, die nur von Touristen/Reisenden nach-gefragt werden	Untypische Tourismusbetrie-be haben sich mit typischen Tourismusleistungen als Tou-risten/Reisende als Zielgrup-pe spezialisiert	Untypische Tourismusbetrie-be haben sich mit untypi-schen Tourismusleistungen auf Touristen/Reisende als Zielgruppe spezialisiert

Abb. 19: Bereiche der Tourismuswirtschaft[39]

Analog zur Problematik der Abgrenzung des Tourismus von anderen Wirtschaftsbereichen kann kein klar abgrenzbarer touristischer Arbeits-

---

[39] Quelle: Eigene grafische Darstellung in Anlehnung an Freyer 2006, 131.

markt identifiziert werden. Es bestehen hingegen mehrere, sich teilweise überschneidende Teilarbeitsmärkte nebeneinander, auf denen unterschiedliche Anforderungen an die Qualifikationen der Beschäftigten gestellt werden. Laut Mundt (2006, 527f.) lassen sich zwei Typologien von Berufen im Tourismus unterscheiden:

- *Typische Tourismusberufe* kennzeichnen sich dadurch, dass sie ausschließlich die touristische Nachfrage befriedigen und bei Ausübung der Dienstleistung ein direkter Kontakt zum Touristen besteht. Zu dieser Gruppe gehören z. B. Reiseleiter, Gästeführer und Animateure.

- *Repräsentative Tourismusberufe* werden entweder nicht ausschließlich zur Befriedigung der touristischen Nachfrage ausgeübt oder enthalten keinen oder nur einen geringen Anteil an persönlichen Dienstleistungen für den Gast. Hierzu zählen u. a. Berufe im Gaststätten- und Transportgewerbe oder auch im Reiseveranstaltungsbereich.[40]

Freyer (2006, 444f.) fasst die dargestellten Tourismusberufe in seiner Systematisierung des touristischen Arbeitsmarktes unter dem Bereich der touristischen Beschäftigung im engeren Sinne zusammen. Zum ergänzenden, indirekten Beschäftigungsbereich gehören Berufe wie z. B. Versicherungskaufmann oder Einzelhändler, die keine spezifische touristische Ausbildung erfordern, jedoch aufgrund von lokalen Gegebenheiten hauptsächlich die Nachfrage von Touristen befriedigen können.

Die Beschäftigungsmöglichkeiten im Tourismus kennzeichnen sich oftmals durch ein geringes Anforderungsprofil. Dieses stellt hinsichtlich der schnellen Besetzung von Arbeitsplätzen einen Vorteil dar, reduziert jedoch die Chancen lediglich angelernter Beschäftigter in anderen Wirtschaftsbereichen eine Anstellung zu finden. Darüber hinaus weisen touristische Berufe in hoch entwickelten Volkswirtschaften zahlreiche Nachteile auf. Hierzu zählen ein im Vergleich zu anderen Branchen niedriges Lohnniveau, ungünstige Arbeitszeiten mit Überlastung in der Hochsaison und Unterauslastung in der Nebensaison sowie eine hohe saisonalitätsbedingte Unsicherheit der Arbeitsplätze.[41] Eine Studie des Forschungsinstituts für Freizeit und Tourismus zur Weiterbildung im schweizerischen Tourismus unterstreicht die Problematik, die sich aus

---

[40] Vgl. Mundt 2006, 527f.
[41] Vgl. Freyer 2006, 450f.

den qualitativen Merkmalen touristischer Berufe ergibt. Eine Untersuchung der Faktoren, die zum Betreten bzw. Verlassen einer Branche führen, hat gezeigt, dass das Lohnniveau, die Arbeitszeiten und die mentalen Arbeitsbedingungen entscheidend zum Verlassen der Tourismusbranche motivieren können.[42]

Als Folge dieser qualitativen Merkmale ergeben sich für den touristischen Arbeitsmarkt spezifische Beschäftigungsmerkmale. Bedingt durch das oftmals niedrige Anspruchsniveau der Beschäftigung ist der Anteil der An- und Ungelernten sowie der Quereinsteiger besonders hoch. Aufgrund der Saisonalität werden viele Saisonarbeitskräfte beschäftigt, wohingegen der Anteil des Stammpersonals gering ist. Die Fluktuationsrate und die Arbeitslosenquote sind insbesondere im Hotel- und Gaststättengewerbe hoch. Das Durchschnittalter der Beschäftigten ist niedrig, was als Indikator dafür zu sehen ist, dass viele Beschäftigte lediglich einen Teil und zumeist den ersten Teil ihrer Lebensarbeitszeit im Tourismus verbringen. Zudem weist die Tourismusbranche einen überdurchschnittlich hohen Anteil an Frauenerwerbstätigkeit auf.[43] Kaspar (1998, 67) führt weiterhin an, dass in einer Vielzahl von touristischen Unternehmen keine oder nur begrenzte Aufstiegsmöglichkeiten vorhanden sind.

3.3.2 Notwendigkeit eines Qualifizierungssystems in einer Destination

3.3.2.1 Veränderte Wettbewerbsanforderungen
Die allgemeinen ökonomischen und gesellschaftlichen Veränderungen und die daraus resultierenden Weiterbildungserfordernisse (vgl. Kap. 3.2.3.1) betreffen auch die Unternehmen der Tourismusbranche. Darüber hinaus erfordern zahlreiche branchenspezifische Entwicklungen eine kontinuierliche Weiterbildung der im Tourismus Beschäftigten.

Komplexere Dienstleistungen
Der Gast nutzt seine gestiegene Reiseerfahrung und erhöhte Marktmacht, indem er höhere Ansprüche an die touristische Leistung sowohl aus quantitativer als auch aus qualitativer Sicht geltend macht. Die quan-

---

[42] Vgl. Müller 2002, 47.
[43] Vgl. Weiermair 1998, 13 / Freyer 2006, 448f.

titative Anspruchssteigerung äußert sich in dem Wunsch nach Optionsvielfalt. Der Gast verlangt vielfältige, multioptionale Angebote, die „aktiv-erlebnisreiche und passiv-entspannende Elemente" (Dettmer/Eisenstein et al. 2005, 25) enthalten. Über die tatsächliche Wahrnehmung und Kombination der vorgehaltenen Angebotselemente will er spontan und individuell im Zielgebiet entscheiden können. Von einer Destination erfordert dieser Wunsch die dauerhafte Bereithaltung einer Vielzahl unterschiedlicher Tätigkeitsoptionen.[44] Die komplexen und zunehmend differenzierten Motiv- und Aktivitätsbündel der Gäste führen zu einer weiter voranschreitenden Diversifizierung der Zielgruppen. Zur Erfüllung der Ansprüche der Gästegruppen bedarf es spezifischer Kenntnisse und Fähigkeiten seitens der Mitarbeiter touristischer Unternehmen.

Die Individualisierung der Ansprüche und die damit einhergehende steigende Komplexität touristischer Dienstleistungen verlangen von den Beschäftigten im Tourismus eine Vielzahl unterschiedlicher Qualifikationen, um den Gast zufriedenstellen zu können. Gleichzeitig erfordert die Dynamik der Gästebedürfnisse eine kontinuierliche Anpassung und Weiterentwicklung der Kenntnisse und Fähigkeiten.

Die qualitative Anspruchssteigerung äußert sich in dem Bedürfnis des Gastes nach „ganzheitlich produzierten Tourismuserlebnissen" (Pechlaner/Weiermair 1999, 81). Der Besucher einer Urlaubsregion erwartet im Sinne seiner ganzheitlichen Wahrnehmung des Tourismusproduktes eine optimal aufeinander abgestimmte touristische Leistung mit Erlebnischarakter. Ferner fordert er mehr Leistungsberechenbarkeit und -sicherheit. Für eine Destination resultiert hieraus die Notwendigkeit, sich stärker prozessorientiert ausrichten zu müssen, d. h. die touristischen Teilleistungen über die gesamte Leistungskette hinweg bestmöglich aufeinander abzustimmen, um dem Gast das gewünschte ganzheitliche Tourismusprodukt anbieten zu können. Darüber hinaus bedarf es der Produktion von Erlebniswerten, die die Emotionen des Gastes ansprechen.[45] In der Folge einer wachsenden Anzahl an Konkurrenzdestinationen und sich global angleichender Angebote muss eine Destination ihren Gästen zur Differenzierung über den Grundnutzen einer Leistung hinaus einen Zusatznutzen bieten, um langfristig am Markt bestehen zu können. Erlebnisse und Emotionen haben in diesem Zusammenhang für Besucher ei-

---

[44] Vgl. Dettmer/Eisenstein et al. 2005, 25ff.
[45] Vgl. Dettmer/Eisenstein et al. 2005, 25ff.

ner Urlaubsregion eine steigende Bedeutung und werden für Tourismusunternehmen verstärkt zum Ansatzpunkt der Angebotsgestaltung. Produkte mit Erlebnischarakter stellen unerwartete Leistungen dar, die den Gast begeistern und zu einem höheren Qualitätsempfinden führen können. Die Schaffung derartiger Erlebniswerte und ihre Umsetzung in touristische Produkte setzt insbesondere das Vorhandensein entsprechender Fähigkeiten bei den Mitarbeitern eines touristischen Unternehmens voraus.[46] „Die [...] laufende Qualifizierung des in den entwickelten Ländern reichlich vorhandenen Humankapitals ist eine zentrale Maßnahme, um den Preiswettbewerb zu vermeiden und den Qualitätswettbewerb zu forcieren..." (Smeral 2005, 33).

Neben den veränderten Ansprüchen auf der Nachfrageseite hat auch die Entwicklung neuer Technologien und Organisationsformen als Folge der Globalisierung maßgeblich zu einer Komplexitätserhöhung der touristischen Dienstleistung beigetragen (vgl. Weiermair 1998, 12). Tschurtschenthaler (2004, 107f.) stellt fest, dass die Märkte im Tourismus naturgemäß globaler ausgerichtet sind als bei anderen Dienstleistungen, so dass sich die Komplexität der touristischen Dienstleistungen bei einer steigenden Reiseerfahrung stetig erhöht. Insgesamt sind verstärkt Qualifikationen erforderlich, denen in der Vergangenheit aufgrund der Situation des Verkäufermarktes nur wenig Aufmerksamkeit geschenkt wurde.

Steigende Bedeutung des Interaktionsprozesses

Der ausgeprägte Interaktionsprozess zwischen Kunde und Mitarbeiter als Besonderheit der Dienstleistungsproduktion führt dazu, dass die Qualitätswahrnehmung des Gastes in erheblicher Weise durch das Verhalten des Mitarbeiters beeinflusst wird. Von allen Kundenkontaktpunkten während des Leistungserstellungsprozesses sind diejenigen mit direktem persönlichen Kontakt zwischen Gast und Mitarbeiter von größter Bedeutung.[47] Touristische Dienstleistungen sind laut Weiermair (1998, 15) vorrangig persönliche Dienstleistungen, deren Qualität in besonderem Maße durch den Kontakt zwischen dem Mitarbeiter eines touristischen Unternehmens und dem Gast geprägt wird. „Qualifikation und Motivation sind daher [...] die primären Produktionsfaktoren im [touristischen] Dienstleistungsgeschäft." (Weiermair 1998, 15).

---

[46] Vgl. Brunner-Sperdin/Müller 2005, 202ff. / Grötsch 2001, 71ff.
[47] Vgl. Stauss 1998, 373.

Der Kunde ist aufgrund neuer Kommunikationsmöglichkeiten und einer verbesserten Informationsverfügbarkeit und -transparenz immer öfter selbst in der Lage, sich mit Informationen zu versorgen. Ein touristisches Unternehmen kann Kundenwerte fast ausschließlich über die Optimierung des Interaktionsprozesses, die Einbeziehung der Kundenbeiträge in die Leistungserstellung sowie die Entwicklung von Problem- und Erlebnislösungen schaffen.[48] Vor dem Hintergrund der Eigenständigkeit des Gastes bei der Informationsbeschaffung und der Bedeutung des Interaktionsprozesses für seine Zufriedenstellung werden neben der Fachkompetenz die Schlüsselkompetenzen der im Tourismus Beschäftigten zunehmend bedeutungsvoller.

Notwendigkeit der Professionalisierung
Die Globalisierung hat weltweit zum Aufbau neuer Destinationen geführt. Ein Großteil der Zielgebiete gehört zu den Fernreisezielen und kann sich auf zahlreiche relative Wettbewerbsvorteile gegenüber traditionellen mitteleuropäischen Destinationen stützen.[49] So sind aufgrund eines hohen Anteils des organisierten Massentourismus effizientere Betriebsgrößenstrukturen entstanden. Durch ein niedriges Lohnniveau, entsprechende Betriebsgrößen, Synergieeffekte aus vertikalen Kooperationen sowie durch Preisdifferenzierungen der Fluggesellschaften als vertikale Kooperationspartner können häufig Kostenvorteile erzielt werden. Gleichzeitig kann die Gesamtqualität des Tourismusproduktes zielgerichteter gesteuert werden, da in der Regel ein Großteil der Leistungsbestandteile von einem Anbieter erbracht wird. Insgesamt können touristische Dienstleistungen somit kostengünstiger als in mitteleuropäischen Urlaubsregionen angeboten werden. Durch die Nutzung anderer Vermarktungs- und Vertriebsstrukturen kann der Absatz der Leistungen zudem effizienter gestaltet werden.

Da die Strukturen der Tourismusindustrie Mitteleuropas eine Erzielung von Kostenvorteilen kaum zulassen, ist zur Sicherung der Konkurrenzfähigkeit der Zielgebiete sowie zur Schaffung der Voraussetzungen für ein erfolgreiches Agieren der Tourismusbetriebe die Aufmerksamkeit umso mehr auf die Vermittlung der für eine professionelle unternehmerische Ausrichtung erforderlichen Qualifikationen zu legen.

---

[48] Vgl. Bieger/Laesser 2004, 77.

[49] Die Ausführungen dieses Absatzes stützen sich auf Tschurtschenthaler 1999, 13 / Tschurtschenthaler 2004, 106.

Innovationsnotwendigkeit

„In Marktwirtschaften mit funktionierendem Wettbewerb ist Innovation eine andauernde unternehmerische Aufgabe zur Schaffung von Erfolgspotenzialen, um die finalen Ziele Überleben und Gewinnmaximierung zu erreichen." (Pompl/Buer 2006, 23). Wenn ein erfolgreiches Agieren im Wettbewerb die Entwicklung von Innovationen voraussetzt, steigt im Zuge der zunehmenden Wettbewerbsintensität im Tourismus ihre Bedeutung (vgl. Pompl/Buer 2006, 23). Um dem Wunsch der Gäste nach komplexen, individuellen und qualitativ hochwertigen Dienstleistungen vor dem Hintergrund einer Ausweitung und gleichzeitigen Homogenisierung des Angebots sowie immer kürzerer Produktlebenszyklen begegnen zu können, bedarf es einer hohen Innovationsorientierung in einer Destination. Die Aufgabe des Hervorbringens von innovativen Angeboten kommt schwerpunktmäßig der primären Stufe der Angebotsentwicklung zu, d. h. den touristischen Leistungsträgern, und kann auf zwei Ebenen erfolgen: Zum einen auf der individuellen Ebene der einzelnen Leistungsträger, zum anderen mit Unterstützung oder Führung durch die Tourismusorganisation auf der kollektiven Ebene der Leistungsträger im Verbund der Destination (vgl. Tschurtschenthaler 2004, 113 / Pechlaner/Fischer/Priglinger 2006, 127).

Die Grundlage für die Entwicklung von Innovationen bildet das im Unternehmen vorhandene Wissen, welches durch Weiterentwicklung und Verdichtung im Rahmen eines Wissensmanagementprozesses (vgl. Abb. 20) zur Realisierung von Innovationen befähigen kann.

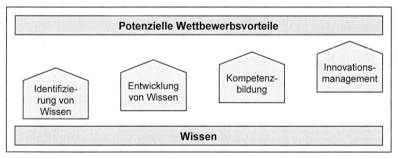

Abb. 20: Wissensmanagementprozess[50]

---

[50] Quelle: Eigene grafische Darstellung gemäß von Krogh/Venzin 1995, 425.

Im ersten Schritt des Wissensmanagementprozesses geht es um das Erlangen von „Wissen über Wissen" (von Krogh/Venzin 1995, 426), indem das im Unternehmen bestehende Wissen hinsichtlich Formen und Trägern sowie Stärken und Schwächen analysiert und damit transparent gemacht wird. Das vorhandene Wissen wird in einem nächsten Schritt durch Konversation zwischen den Wissensträgern weiterentwickelt und so mit den Unternehmensaufgaben kombiniert, dass sich Kompetenzen herausbilden. Letztlich ist es Aufgabe des Managements, die Kompetenzen zur Entwicklung von Produkt- und Prozessinnovationen zu nutzen, die zu möglichen Vorteilen gegenüber Konkurrenten führen können.[51] Bieger (2005, 298f.) gibt einen Überblick über die einzelnen Aufgaben im Rahmen eines derartigen Wissensmanagementprozesses in einer Destination und stellt fest, dass für touristische Unternehmen Produkt-, Prozess- und Marktwissen unerlässlich für die Realisierung von Innovationen sind. Die Aufgabe der betrieblichen Weiterbildung ist es, das Vorhandensein und die Aktualität des erforderlichen Wissens bei den im Tourismus Beschäftigten sicherzustellen (vgl. Keller 2004, 213).

Wissen und Qualifikationen sind nicht nur die Grundlage für die Entwicklung von Innovationen, sondern helfen auch, diese zu schützen. Ist ein innovatives Angebot entwickelt, stellen neben der Leistungsmotivation insbesondere die personengebundenen Fähigkeiten der Beschäftigten eines Unternehmens einen Schutzmechanismus vor Imitationen dar. Trotz objektiv gleicher Produktqualitäten erwirbt der Anbieter durch die im Vergleich zur Konkurrenz bessere Dienstleistungskompetenz seiner Mitarbeiter ein qualitatives Alleinstellungsmerkmal, das ihn in die Lage versetzt, seine Innovation abzusichern.[52]

> Um als Reaktion auf die Wettbewerbsentwicklung komplexere Dienstleistungen entwickeln, den Interaktionsprozess kundengerecht gestalten, die Professionalisierung erhöhen sowie Innovationen hervorbringen zu können, bedarf es einer langfristig ausgerichteten Qualifizierungsstrategie in einer Destination, die auf die kontinuierliche Anpassung und Weiterentwicklung der Qualifikationen der touristischen Akteure abzielt.

---

[51] Vgl. von Krogh/Venzin 1995, 425ff.
[52] Vgl. Pompl/Buer 2006, 31.

3.3.2.2 Komplexe Qualifikationsanforderungen

Zahlreiche Destinationen in den traditionellen mitteleuropäischen Tourismusgebieten weisen eine Betriebsstruktur auf, die von kleinen und mittleren Eigentümerunternehmen geprägt ist (vgl. Kap. 2.2.1). Hinsichtlich der Entwicklung der touristischen Standorte kommt damit einem qualifizierten und professionellen Unternehmertum eine bedeutende Rolle zu. Die Kenntnisse, Fähigkeiten und Fertigkeiten der Unternehmer bilden die Grundlage für den wirtschaftlichen Erfolg der touristischen Unternehmen, so dass ihrer Weiterbildung besondere Aufmerksamkeit geschenkt werden muss (vgl. Tschurtschenthaler 2004, 108). Die Qualifizierung des Unternehmers muss sich auf der einen Seite auf die Vermittlung kaufmännischer und technischer Kenntnisse konzentrieren, die ihm eine erfolgreiche Betriebsführung ermöglichen.[53] Die zu erwerbenden Fähigkeiten sind insbesondere auf ein modernes Marketing- und Vertriebsmanagement sowie ein anforderungsgerechtes Controlling und Kostenmanagement zu beziehen, da hier im Vergleich zu Konkurrenzdestinationen die größten Verbesserungspotenziale auftreten (vgl. Kap. 3.3.2.1). Auf der anderen Seite bedarf es einer Förderung der Schlüsselqualifikationen des Unternehmers. Aufgrund der steigenden Komplexität der Rahmenbedingungen im Tourismus sind insbesondere seine Fähigkeiten zum systematischen Denken und zur Anwendung von Entscheidungsfindungsmethoden sowie seine Urteilsfähigkeit bedeutend. Da die Zusammenarbeit touristischer Leistungsträger zu einem immer wichtigeren Erfolgsfaktor wird, werden hohe Anforderungen an die Kooperationsfähigkeit des Unternehmers gestellt. Weitere bedeutsame Sozialkompetenzen sind seine Kommunikations-, Motivations-, Team-, Konflikt- sowie Delegationsfähigkeit. Voraussetzung für die Entwicklung dieser Kompetenzen ist eine hohe Individualkompetenz, wozu das Finden einer unternehmerischen Identität, die Fähigkeit zur Eigenmotivation, eine hohe Veränderungsbereitschaft sowie ein starkes Durchhaltevermögen gehören.[54]

---

[53] Im Folgenden werden allgemeine Anforderungen an die Kenntnisse und Fähigkeiten der Beschäftigten im Tourismus dargestellt; spezifische Qualifikationserfordernisse in einzelnen Segmenten der Leistungskette wie Gastronomie oder Beherbergung bleiben aufgrund der Fokussierung dieser Arbeit auf die gesamte Tourismusbranche statt auf einzelne Segmente unberücksichtigt.

[54] Vgl. Tschurtschenthaler 2004, 111ff.

Der Motivationsfähigkeit des Unternehmers ist insbesondere im Hinblick auf ein qualitätsorientiertes Handeln der Mitarbeiter sowie auf deren Weiterbildung eine hohe Bedeutung beizumessen. So wird die Anregung der Mitarbeiter zu einem kontinuierlich qualitätsorientierten Denken und Verhalten durch den Einsatz von Motivationsmaßnahmen seitens des Unternehmers erleichtert (vgl. Kap. 2.1.4). Zudem kann ein Unternehmer mit einer ausgeprägten Fähigkeit zur Motivation seiner Mitarbeiter deren Weiterbildungsbereitschaft positiv beeinflussen.

Schumpeter (1988, 171ff.) verbindet die Position des Unternehmers mit der Aufgabe der Hervorbringung von Innovationen, indem er feststellt, dass „... ein Unternehmer derjenige ist, der neue Kombinationen durchsetzt...". Im Hinblick auf die zur Sicherung der Wettbewerbsfähigkeit einer Destination bzw. eines touristischen Unternehmens notwendige Realisierung von Innovationen ist die Innovationsfähigkeit somit eine wichtige Schlüsselqualifikation des Unternehmers. Diese äußert sich u. a. in Eigenschaften wie Flexibilität, Verantwortung, Unternehmensgeist, Kreativität und Intuition (vgl. Müller 2006b, 115). Da Innovationen im Tourismus durch die Vernetzung der Unternehmensleistungen in der Dienstleistungskette oftmals nur in Zusammenarbeit mit anderen Leistungsträgern realisiert werden können, ist die Kooperationsfähigkeit ebenfalls eine bedeutende Kompetenz des Unternehmers.[55]

Zu einem erfolgreichen Handeln touristischer Unternehmen bedarf es nach Tschurtschenthaler (2004, 108) nicht nur leistungsfähiger Unternehmer, sondern auch qualifizierter Mitarbeiter.[56] Um dem Bedürfnis des Gastes nach qualitativ hochwertigen Leistungen entsprechen zu können, müssen die Mitarbeiter Kompetenzen im Bereich der Qualität entwickeln.[57] Sie müssen das Zustandekommen von Qualität in der Leistungskette und den diesbezüglichen Beitrag ihres eigenen Unternehmens verstehen, um qualitativ hochwertige Leistungen erbringen zu können. Eine Voraussetzung für die Qualitätsorientierung bildet die Kenntnis der zielgruppenspezifischen Motivbündel und Qualitätserwartungen. Zur Erfül-

---

[55] Die Aussagen zur Kooperationsfähigkeit des Unternehmers stützen sich auf Pechlaner/Fischer/Priglinger 2006, 125 / Tschurtschenthaler 2004, 118f.

[56] Die in den folgenden Abschnitten dargestellten Qualifikationsanforderungen gelten auch für den oben angeführten Unternehmer, da er wie die Mitarbeiter zur Humankapitalausstattung des Unternehmens gehört.

[57] Vgl. zum folgenden Abschnitt auch Prock-Schauer/Reischl/Zehmann 1998, 115f. / Hammer 2003, 42ff. / DSFT e. V. o. J., 18.

lung der vom Gast geforderten vielfältigen Leistungen und des damit verbundenen Bedürfnisses nach ganzheitlicher Betreuung müssen die Fähigkeiten der Mitarbeiter funktionsübergreifend ausgerichtet sein. Sie müssen Beratungs-, Verkaufs-, Unterhaltungs- und Betreuungsfunktionen wahrnehmen und somit multifunktional agieren können. Neben methodischen, d. h. konzeptionellen und organisatorischen Fähigkeiten, benötigen sie fachliches Wissen wie z. B. Kenntnisse über das Destinationsangebot. Für eine kundenorientierte Ausrichtung werden zudem Fachkompetenzen wie Sprachkenntnisse und Kenntnisse im Umgang mit neuen Kommunikations- und Vertriebstechnologien sowie im kundenorientierten Beschwerdemanagement wichtiger.

Besondere Bedeutung gewinnt die Mitarbeiterqualifikation bei der Gestaltung des für die Qualitätswahrnehmung des Gastes wichtigen Interaktionsprozesses zum Zeitpunkt der Leistungserstellung (vgl. Kap. 3.3.2.1). In diesem Zusammenhang ist insbesondere eine ausgeprägte Sozialkompetenz wichtig, die es dem Mitarbeiter ermöglicht, den Kunden mit seinen spezifischen Eigenarten und Bedürfnissen besser zu verstehen und mit ihm umzugehen (vgl. Schaeffer 1998, 277). So werden von den Mitarbeitern verstärkt Initiative und Kreativität, Ausdauer und Flexibilität im Umgang mit dem Gast sowie eine hohe Kommunikationsfähigkeit verlangt. Insgesamt gewinnen neben der Fachkompetenz, die seitens der touristischen Arbeitgeber immer häufiger als Selbstverständlichkeit vorausgesetzt wird,[58] persönlichkeits- und verhaltensbestimmte Qualifikationen an Bedeutung, die zur Verbesserung der Dienstleistungsorientierung und der Servicequalität eines Unternehmens beitragen sollen.[59]

Die Beschäftigten im Tourismus werden nach Pflaum (1998, 169) in Zukunft ihre Aufgaben in größerer Eigenverantwortung bearbeiten müssen. Dazu ist eine Ausstattung der Mitarbeiter mit mehr Entscheidungsrechten und Kompetenzen notwendig. Stauss (1998, 375) spricht in diesem Zusammenhang von einem „Empowerment" der Mitarbeiter. Voraussetzung für die Partizipation der Mitarbeiter an der Entscheidungsfindung ist das Vorhandensein grundsätzlicher fachlicher, methodischer, sozialer sowie personaler Kompetenzen.

---

[58] Vgl. Schaeffer 1998, 276.
[59] Vgl. Prock-Schauer/Reischl/Zehmann 1998, 115f.

Die Anforderungen an die Qualifikationen der Leiter und Mitarbeiter touristischer Unternehmen sind sehr vielfältig. Damit die Beschäftigten im Tourismus diesen Ansprüchen gerecht werden können, bedarf es einer systematischen Weiterbildung der touristischen Akteure. Diese lässt sich im Rahmen eines Qualifizierungssystems[60] realisieren, welches durch seine Strukturen die Grundlage für eine systematische Gestaltung und zugleich langfristige Ausrichtung des Weiterbildungsprozesses in einer Destination schaffen und auf diese Weise einen Beitrag zu einem höheren Qualifikationsniveau der Beschäftigten im Tourismus leisten kann.

Eine Voraussetzung für die wirkungsvolle Anwendung der im Rahmen der Weiterbildung erworbenen Kenntnisse und Fähigkeiten in der betrieblichen Arbeit sowie für ein erfolgreiches unternehmerisches Handeln bildet das Vorhandensein von unternehmensrelevanten Marktinformationen. Ein touristisches Unternehmen benötigt zunächst Informationen über die Bedürfnisse der Nachfrage und ihre Erwartungen an die Bestandteile der touristischen Dienstleistung, um die eigene Leistungserstellung an den Wünschen der Gäste ausrichten zu können. Darüber hinaus besteht im Hinblick auf eine zielgerichtete Angebotsgestaltung auch ein Bedarf an angebotsseitigen Marktinformationen. Kenntnisse über am Markt bestehende Produkte und Leistungen können zum einen bei der Übernahme von Bewährtem in die Entwicklung des eigenen Angebots, zum anderen bei der Abgrenzung gegenüber Konkurrenzangeboten helfen.[61]

---

[60] Eine allgemeine und insbesondere auch tourismusspezifische Definition für ein Qualifizierungssystem liegt in der untersuchten Literatur nicht vor. In dem Verständnis des vorliegenden Forschungsansatzes gibt ein Qualifizierungssystem die für alle Beteiligten geltende Organisation bzw. Struktur der Bemühungen in einer Destination zur Qualifizierung der touristischen Akteure vor.

[61] In Anlehnung an Tschurtschenthaler 2006, 109 / Tschurtschenthaler 2004, 119.

3.3.2.3 Zusammenfassung

Abbildung 21 fasst die Faktoren zusammen, die neben den durch die veränderten ökonomischen und gesellschaftlichen Rahmenbedingungen bedingten allgemeinen Weiterbildungsbedarfen (vgl. Kap. 3.2.3.1) die Einrichtung eines Qualifizierungssystems in einer Destination erfordern.

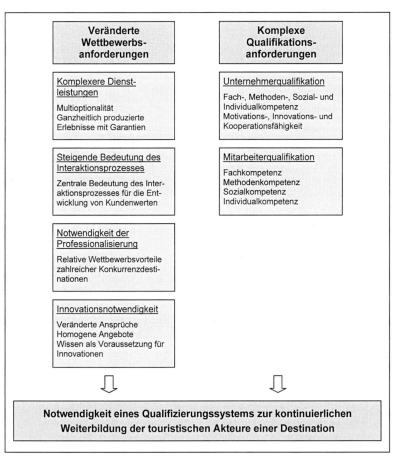

Abb. 21: Faktoren für die Notwendigkeit eines Qualifizierungs-systems in einer Destination

4. Kombiniertes Qualitäts- und Qualifizierungssystem

4.1 Qualität durch Qualifizierung

Touristische Dienstleistungen sind primär persönliche Dienstleistungen, deren Qualität in besonderem Maße durch den Kontakt zwischen dem Besucher einer Urlaubsregion und der dienstleistenden Person geprägt wird. Dem Gast stehen aufgrund der Immaterialität von Dienstleistungen im Vorfeld der Inanspruchnahme touristischer Leistungen keine objektiven Kriterien für ihre Beurteilung zur Verfügung, so dass er die Qualität der von ihm bewertbaren Leistungselemente frühestens mit Beginn des Leistungserstellungsprozesses beurteilen kann. Die Phase der Leistungserbringung ist damit für den Anbieter touristischer Dienstleistungen hinsichtlich der Schaffung von Kundenwerten und der Erstellung von Qualität von besonderer Bedeutung. Da eine Fehlerkorrektur aufgrund der Zeit-Raum-Abhängigkeit der Leistungserstellung schwierig bzw. unmöglich ist, sind die Prozess- und die Ergebnisqualität der touristischen Dienstleistung in hohem Maße von den Fähigkeiten der handelnden Akteure auf der Anbieterseite abhängig.

Neben den sich aus der Dienstleistungseigenschaft des Tourismusproduktes ergebenden Zusammenhängen zwischen der Erstellung von Qualität im Tourismus und den Qualifikationen der touristischen Akteure verdeutlicht auch der durch marktseitige Veränderungsprozesse bedingte Bedeutungsgewinn der Servicequalität die enge Verknüpfung von Qualität und Qualifizierung im Tourismus. Qualität ergibt sich für den Besucher einer Destination aus dem Zusammenwirken der Qualitätskomponenten Hardware, Software und Umwelt, wobei seine Qualitätsbeurteilung nicht von allen drei Komponenten in gleichem Maße beeinflusst wird. So setzt der Gast die qualitative Hochwertigkeit der materiellen Leistungsbestandteile weitestgehend als Selbstverständlichkeit voraus, ohne dass diese in einem entscheidenden Ausmaß zu einer positiven Qualitätsbeurteilung beiträgt. Der Qualität des ursprünglichen Angebots einer Destination bemisst er dahingehend eine höhere Bedeutung bei, als dass er diese oftmals als Hauptkriterium für die Auswahl eines Reiseziels heranzieht. Sein Qualitätsempfinden und seine Zufriedenheit mit einer Leistung definieren sich hingegen in besonderem Maße über die erlebte Servicequalität. Insbesondere Serviceleistungen, die der Gast weder erwartet noch erhofft, können ein positives Qualitätserlebnis bewirken.

Neben der Nachfrage verlangt auch der Wettbewerb eine hohe Qualität der persönlichen Leistungselemente. Da sich die touristischen Angebote weltweiter Zielgebiete vor allem im Bereich der relativ einfach zu adaptierenden materiellen Leistungselemente verstärkt angleichen und damit austauschbar werden, bietet die Hardwarekomponente kaum Ansätze für eine auf langfristige Sicht erfolgreiche Differenzierung gegenüber Wettbewerbern. Die Qualitätskomponente Umwelt ist schwer kopierbar und insbesondere auf einzelbetrieblicher Ebene nur geringfügig zu beeinflussen, so dass auch sie sich nicht als zentraler Ansatzpunkt einer Differenzierungsstrategie anbietet. Eine Herausstellung der Unterschiede in der Qualität der Tourismusleistungen gegenüber Wettbewerbern ist vielmehr am einfachsten und wirksamsten über die Qualität der personenabhängigen Serviceleistungen zu realisieren.[1]

Ein Anbieter touristischer Leistungen ist demzufolge zur Erbringung einer den Gast zufriedenstellenden Leistung sowie zur Behauptung seiner Wettbewerbsposition in zunehmendem Maße auf die Fähigkeiten seiner Mitarbeiter zur Gestaltung der Beziehung zum Gast sowie zur Erbringung qualitativ hochwertiger Serviceleistungen angewiesen. Übertragen auf die Ebene der Destination bedeutet dies, dass die erfolgreiche Umsetzung einer Qualitätsstrategie das Vorhandensein entsprechender Qualifikationen bei den touristischen Akteuren voraussetzt. Vor dem Hintergrund der dynamischen Bedürfnisse der Gäste ist zudem eine kontinuierliche Anpassung und Weiterentwicklung der Qualifikationen im Rahmen der Weiterbildung erforderlich, um ein anforderungsgerechtes Agieren der Akteure gewährleisten zu können. Aus den dargestellten Zusammenhängen zwischen Qualität und Qualifizierung ergibt sich als Konsequenz, dass ein Qualitätssystem zur Verbesserung der Angebotsqualität einer Destination insbesondere dann wirkungsvoll zur Stärkung ihrer Wettbewerbsposition beitragen kann, wenn es mit einem Qualifizierungssystem zur Weiterbildung der touristischen Akteure der Destination im Sinne eines ganzheitlichen Qualitäts- und Qualifizierungssystems kombiniert wird. Abbildung 22 stellt die Softwarequalität als Verknüpfungspunkt eines derartigen Systems dar.

---

[1] Zu den Grundlagen zu Qualität und Qualifizierung vergleiche im Einzelnen Kapitel 2 und 3.

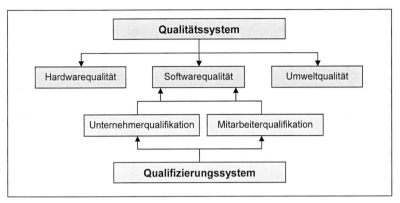

Abb. 22: Zusammenhang Qualitäts- und Qualifizierungssystem

4.2 Organisatorische Einbindung eines Qualitäts- und Qualifizierungssystems

Damit ein kombiniertes Qualitäts- und Qualifizierungssystem wirkungs-voll zur Verbesserung der Qualität einer Gesamtdestinationsleistung bei-tragen kann, bedarf es einer leistungsfähigen und akzeptierten organisa-torischen Einbindung des Systems in die Destination. Eine Destination ist ein geografischer Raum, der u. a. dadurch charakterisiert ist, dass er vom jeweiligen Gast als Reiseziel ausgewählt wird und alle für dessen Aufenthalt notwendigen Einrichtungen für Beherbergung, Verpflegung, Unterhaltung und Beschäftigung enthält (vgl. Kap. 2.2.1). Die Größe der Destination definiert sich dabei aus Sicht des Gastes und hängt u. a. von seinem aktionsräumlichen Verhalten ab. Tendenziell gilt laut Bieger (2005, 57), dass „... je weiter entfernt das Reiseziel ist, desto weiter wird die Definition der Destination gefasst..." und „... je enger der Reise-zweck definiert ist, desto räumlich und zeitlich eingegrenzter wird die Destination." Eine Destination kann z. B. ein Kontinent, ein Land, eine Region, ein Ort oder ein Ressort sein.

Eine Koordination auf jeder der sich überlagernden Ebenen durch lo-kale, regionale und überregionale Tourismusorganisationen ist erforder-lich, da unterschiedliche Gäste bzw. Gästesegmente verschiedene Desti-nationsebenen als Produkt wahrnehmen. Tourismusorganisationen üben auf allen Ebenen einer Destination mit der Planungs-, der Angebots-, der Interessensvertretungs- und der Marketingfunktion dieselben vier kooperativen Aufgabenfelder aus. Je nach Ebene kommt den Funktionen jedoch ein anderes Wirkungsgebiet und eine andere Gewichtung zu.[2] Begründet ist diese Aufgabenteilung in einer höheren Wirtschaftlichkeit und einer besseren Marktwirkung. So können beispielsweise bei einer kooperativen, destinationsweiten Marketingstrategie Synergieeffekte genutzt und damit überregional eine höhere Wirkung erzielt werden, als dies bei einer lokalen Marketingstrategie der Fall ist, deren Aufgabe in der Regel darin besteht, die Vorgaben aus übergeordneten Strategien für den eigenen Einflussbereich umzusetzen. Dahingegen ist die Aufgabe der Angebotskoordination vor allem auf der lokalen Ebene wahrzunehmen, da hier der Großteil der Leistungsbestandteile angesiedelt ist.[3]

Laut Romeiß-Stracke (1998, 86) kann die Organisationsstruktur in einer Destination wesentlich zur Verbesserung der Angebotsqualität beitragen. Eine Voraussetzung hierfür ist eine zentral geführte Kooperationsplattform, die alle Verantwortlichen einbindet. Die Kooperation muss auf einer von allen Beteiligten zu akzeptierenden Aufgabenteilung basieren, in der jeder seine Rolle in Bezug auf den Gast genau kennt. Nach Kollmann/Pechlaner (1999, 79) sollte die „… Erstellung von Standards im Bereich des Angebotes (z. B. Klassifizierung) und die Schaffung von Rahmenbedingungen zur Einrichtung von Standards für die einzelnen Dienstleistungen von Destinationen…" im Verbund von Tourismusorganisationen und Destinationen erfolgen. Auch Bieger/Bronzini et al. (1998, 32ff.) empfehlen die Integration eines Qualitätssystems auf der Ebene einer großen Organisationseinheit. Dieser wird auch die Aufgabe der Weiterbildung der Leiter und der Mitarbeiter touristischer Betriebe sowie die Erhebung und Auswertung von destinationsrelevanten Marktforschungsdaten als Informationsgrundlage eines erfolgreichen unternehmerischen Handelns zugeschrieben.

Die Vorteile der Integration eines Qualitäts- und Qualifizierungssystems auf einer möglichst hohen Destinationsebene resultieren aus Bündelungseffekten, die große Organisationseinheiten ermöglichen. So können im Vergleich zu kleinen organisatorischen Einheiten eher ausreichend finanzielle Mittel, eine erhöhte Managementkapazität durch vereinfachte Rekrutierung qualifizierten Personals und eine höhere Glaubwürdigkeit erzielt werden. Insgesamt können die Voraussetzungen für

---

[2] Vgl. Bieger 2005, 56f., 65f., 73.
[3] Vgl. auch Bieger 2000, 91ff.

einen hohen Wirkungsgrad des Qualitäts- und Qualifizierungssystems verbessert werden. Hinsichtlich des Qualitätssystems ist ein weiterer Vorteil in der größeren Distanz einer großen Organisationseinheit zu den einzelnen Leistungsträgern zu sehen. Das System kann wirkungsvoller betrieben werden, da die Qualitätsbeurteilung unabhängig von persönlichen Beziehungen erfolgt. Die Neutralität trägt wiederum maßgeblich zur Akzeptanz des Systems bei den Leistungsträgern bei.[4]

Auch in Bezug auf die Nutzung der Qualitätsthematik und eines mit dem System verbundenen Qualitätszeichens im Rahmen des Destinationsmarketings empfiehlt sich die Einbindung eines Qualitäts- und Qualifizierungssystems auf einer hohen Destinationsebene. Durch die Bündelungseffekte größerer Organisationseinheiten stehen in der Regel mehr finanzielle Mittel zur Markenetablierung zur Verfügung. Folglich kann eher eine höhere Marktwirkung erzielt werden, so dass insgesamt auch ein wirkungsvollerer Einsatz des Qualitätszeichens möglich ist (vgl. Bieger/Bronzini et al. 1998, 25f.). Die Implementierung eines Qualitätszeichens auf einer möglichst hohen Destinationsebene trägt zudem zu einer größeren Wahrnehmung der Aktivitäten zur Qualitätsverbesserung und -sicherung beim Gast bei. Eine Destination, die mit einer Vielzahl von Qualitätszeichen auf verschiedenen Ebenen wirbt, geht die Gefahr ein, dass keines der Zeichen in dem gewünschten Maße vom Gast wahrgenommen wird (vgl. Bruhn/Hadwich 2004, 15).

4.3 Spezifische Problemstellungen in kleinstrukturierten Destinationen

Die Strukturen zahlreicher Destinationen in den traditionellen Tourismusgebieten Mitteleuropas sind durch die Dominanz von kleinen und mittleren Unternehmen (KMU) sowie Kleinstunternehmen geprägt.[5] Nach Smeral (2005, 29) trifft das Charakteristikum der Kleinteiligkeit der Strukturen u. a. auf den Alpenraum, Destinationen im Mittelmeerraum, die Nord- und Ostseeküste, Kurorte und ländliche Feriengebiete zu. In der Literatur werden unterschiedliche, in der Kleinstrukturiertheit einer

---

[4] Vgl. Bieger/Bronzini et al. 1998, 25f.
[5] Nach Fueglistaller (2004, 12) beschäftigen Mittelunternehmen 50 bis einschließlich 249 Mitarbeiter, während in Kleinunternehmen 10 bis einschließlich 49 und in Kleinstunternehmen weniger als 10 Mitarbeiter tätig sind.

Destination begründete Wettbewerbsnachteile hinsichtlich der Realisierung einer Qualitäts- und Qualifizierungsstrategie genannt. Diese werden hauptsächlich in Bezug auf die alpinen Regionen der Schweiz und Österreichs diskutiert.[6] Aufgrund der sich ähnelnden Betriebsgrößenstrukturen können die Nachteile auf andere kleinstrukturierte Destinationen im mitteleuropäischen Raum übertragen werden. Im Folgenden werden diese Wettbewerbsnachteile dargestellt, um zusätzliche Anforderungen bzw. Anforderungsbegründungen an ein Qualitäts- und Qualifizierungssystem in kleinstrukturierten Destinationen ableiten zu können.

Tschurtschenthaler (2004, 108) weist auf das Problem der Kundenferne kleiner touristischer Unternehmen im Vergleich zu anderen gewerblichen Kleinunternehmen hin. Die Kunden eines nicht-touristischen Kleinunternehmens sind in der Regel im unmittelbaren regionalen Umfeld des Betriebs angesiedelt. Das Einzugsgebiet touristischer Kleinunternehmen hingegen ist wesentlich größer. Die Ermittlung von Informationen über die Gäste gestaltet sich aufgrund der Entfernung zu ihnen schwieriger; vielfach müssen zudem Gäste aus unterschiedlichen geografischen Bereichen erreicht werden. Touristische Unternehmen benötigen zum einen weitaus mehr Wissen über Möglichkeiten und Wege zur Erfassung der Gästewünsche, zum anderen ist der dazu erforderliche finanzielle Aufwand aufgrund der Distanz zu den Gästen größer. Da die zur Informationsgewinnung notwendigen Ressourcen nur selten in ausreichendem Umfang vorhanden sind (vgl. Tschurtschenthaler 2005, 16), fehlen dem touristischen Kleinunternehmer oftmals wichtige Instrumente zur Marktanalyse und -bearbeitung (vgl. Fuchs 2004, 256). Viele Unternehmen nutzen von Dritten aufbereitete Informationen und geben sich mit einer geringeren und weniger auf die betrieblichen Belange abgestimmten Informationsgrundlage zufrieden (vgl. Tschurtschenthaler 2005, 16).

Die lückenhafte Kenntnis der Gäste und ihrer Bedürfnisse erschwert eine zielgruppenorientierte Produktgestaltung. Da Informationen über die eigenen Gäste eine der wichtigsten Informationsquellen für das Hervorbringen von Neuerungen sind, wird darüber hinaus die Innovationsfähigkeit der Kleinunternehmer gehemmt (vgl. Tschurtschenthaler 2004, 118f.). Auch im Falle der Verfügbarkeit von Nachfrageinformationen

---

[6] Vgl. u. a. Tschurtschenthaler 2004, 105ff. / Fuchs 2004, 237ff. / Bieger 2001, 35 / Weiermair 1998, 9ff. / Weiermair 2002, 67.

wird die Realisierung von Innovationen vielfach durch mangelnde Fähigkeiten touristischer Kleinunternehmer zur Interpretation von Marktforschungsdaten sowie durch fehlende methodische Fähigkeiten zur Umsetzung dieser in innovative, qualitativ hochwertige Produkte verhindert (vgl. Fuchs 2004, 256 / Pechlaner/Fischer/Priglinger 2006, 126).

Die Innovationstätigkeit im Tourismus wird nicht nur durch fehlendes Wissen geschwächt. Auch das Übergewicht operativer Tätigkeiten in den Aufgaben eines touristischen Unternehmens und die Zurückstellung von strategischen Entscheidungen tragen dazu bei, dass es sich im Tourismus bei Neuerungen nur selten um echte Innovationen handelt als vielmehr um Imitationen bestehender Produkte und Prozesse. Neben der Zeit mangelt es den Klein- und Mittelunternehmen oftmals auch an monetären Mitteln für die Entwicklung und Umsetzung von Innovationen. Die Finanzsituation vieler Unternehmen ist durch eine nicht ausreichende Ausstattung mit Eigenkapital und Überschuldung gekennzeichnet; die Voraussetzungen für den Erhalt von Risikokapital sind ungünstig.[7] Die Innovationsfähigkeit wird weiterhin durch die mangelnde Kooperationsfähigkeit und -bereitschaft der Unternehmer beeinträchtigt, die in Destinationen mit einer kleinteiligen Betriebsstruktur besonders hoch ist (vgl. Weiermair 2002, 67).

Ein weiteres Problem kleiner und mittlerer Unternehmen liegt in der besonders stark ausgeprägten Abhängigkeit von den Fähigkeiten und Kenntnissen des Unternehmers. In KMU werden die meisten Entscheidungen durch den Unternehmer getroffen, so dass seine Persönlichkeitsmerkmale, Werthaltungen, Fähigkeiten und Denkmuster die Handlungen des gesamten Unternehmens bestimmen. Großunternehmen hingegen treffen Entscheidungen in Gremien auf Basis der Meinungen mehrerer Personen und haben die Möglichkeit zur Auswechslung einzelner Entscheidungsträger. Derartige Kontroll- und Sanktionsmöglichkeiten existieren in kleinen und mittleren Unternehmen nicht. Der Unternehmer trifft seine Entscheidungen unter „subjektiv-ökonomisch[en]" (Hamer 1988, 84) Gesichtspunkten, da für ihn aufgrund seiner Position in der Regel keine Rechtfertigungspflicht gegenüber anderen Personen besteht.[8] Darüber hinaus ist der Eigentümerunternehmer, vermutlich in

---

[7] Vgl. Pompl/Buer 2006, 29ff. / Pechlaner/Fischer/Priglinger 2006, 126 / Smeral 2005, 35.

[8] Vgl. Tschurtschenthaler 2004, 109f. / Gelshorn/Michallik et al. 1991, 11 / Hamer 1988, 84ff.

der Befürchtung sein Selbstbestimmungsrecht zu verlieren, oftmals nicht bereit, Entscheidungs-, Weisungs- und Vertretungskompetenzen an Mitarbeiter zu delegieren (vgl. Fuchs 2005, 336). Die Qualifikation des Kleinunternehmers und deren Weiterentwicklung im Rahmen der betrieblichen Weiterbildung sind damit kritische Faktoren hinsichtlich der Realisierung von Qualitätsverbesserungen in kleinstrukturierten Destinationen. Bieger (2005, 162) weist darauf hin, dass dem Unternehmer für die eigene Weiterbildung jedoch oftmals keine Zeit zur Verfügung steht.

Weiermair (1998, 13) sieht die geringe Bereitschaft der Unternehmen zu Humaninvestitionen als ein weiteres, in den kleinteiligen Strukturen einer Destination begründetes Problem. Durch die spezifischen Beschäftigungsmerkmale im Tourismus wie der hohen Fluktuationsrate ergibt sich für touristische Unternehmen ein hohes „Humankapitalrisiko", das u. a. eine geringe interne Weiterbildungsintensität zur Folge hat. Innerbetriebliche Weiterbildung wird meistens nur dort zur Schaffung von Qualifikationen eingesetzt, wo Größeneffekte und damit Kostenvorteile erzielt werden können oder interne Aufstiegsmöglichkeiten vorhanden sind. Andernfalls wird die Rekrutierung von Arbeitskräften über den Arbeitsmarkt vorgezogen. Die Durchführung interner Weiterbildung ist in touristischen Regionen mit einem hohen Anteil kleiner und mittlerer Unternehmen somit fast ausschließlich durch die Betriebsgröße und nur minimal durch die zur Zufriedenstellung des Gastes und zur Sicherung der Wettbewerbsfähigkeit zu erstellende Qualität der touristischen Dienstleistung determiniert (vgl. Weiermair 1998, 18).

Fuchs (2004, 251 / 2005, 335) attestiert der Tourismusbranche nicht nur eine interne, sondern eine insgesamt niedrige Weiterbildungsquote, deren Ursachen ebenfalls in den kleinteiligen Wirtschaftsstrukturen liegen. So wird aufgrund geringer Aufstiegsmöglichkeiten, einem niedrigen Lohnniveau, einer oftmals geringen Personaldecke bei gleichzeitig hohem Arbeitsaufkommen in der Saison sowie der Befristung vieler Arbeitsverhältnisse auf die Saisonzeiten der Nutzen von Qualifizierungsmaßnahmen nicht erkannt. Außerdem besteht bei vielen Unternehmensleitern die Befürchtung, dass Mitarbeiter nach der Absolvierung umfassender Qualifizierungsmaßnahmen zu Arbeitgebern abwandern, die bessere berufliche Perspektiven in Aussicht stellen.

Das Institut für Tourismus- und Bäderforschung in Nordeuropa hat im Rahmen einer Basisuntersuchung zum Tourismus in dem von Klein- und Kleinstunternehmen geprägten deutschen Bundesland Schleswig-

Holstein auf die geringe Weiterbildungsquote touristischer Unternehmen in der Destination hingewiesen. Als Hauptursache wird das mangelnde Bewusstsein der Führungskräfte für die Notwendigkeit von Weiterbildung angesehen. „Die Bedeutung von qualifiziertem Personal, der Nutzen für das eigene Unternehmen und die Zusammenhänge der Qualität der eigenen Leistung und des eigenen Produktes, der Motivation der Mitarbeiter und als Konsequenz die Sicherung und der Ausbau der eigenen Marktposition ist in den Köpfen der Arbeitgeber [...] oft nicht verankert." (Lohmann 1996, 40). Bieger (1999, 98f.) sieht die kleinteilige Struktur touristischer Räume als Ursache für eine „unterentwickelte Fähigkeit" der Unternehmen zur Entwicklung von Wissen und Kompetenzen. Das im Betrieb vorhandene Wissen kann aufgrund der Betriebsgröße und der damit verbundenen geringen Mitarbeiterzahl nicht in einem für die Herausbildung von Kompetenzen erforderlichen Maße multipliziert und weiterentwickelt werden.

5. Anforderungen an ein ganzheitliches Qualitäts- und Qualifizierungssystem in einer Destination

5.1 Einführung in die Methodik

Die Bestrebungen einer Destination zur Verbesserung ihrer Angebotsqualität können insbesondere dann wirkungsvoll zur Stärkung der Wettbewerbsposition beitragen, wenn die Qualitätsaktivitäten mit der Qualifizierung der touristischen Akteure im Rahmen eines ganzheitlichen Systemansatzes verknüpft werden (vgl. Kap. 4.1). Die Aufgaben bzw. Funktionen eines Qualitäts- und eines Qualifizierungssystems sind mit der Verbesserung der Angebotsqualität bzw. der Weiterbildung der touristischen Akteure zwar komplementär, jedoch unterscheiden sie sich in ihrer originären inhaltlichen Ausrichtung und verlangen vom jeweiligen System eine andere Funktionsweise. Aufgrund der unterschiedlichen Funktionsweisen ist unter dem Dach des Gesamtsystems eine aufgabenspezifische Trennung von Qualitäts- und Qualifizierungssystem in zwei Teilsysteme erforderlich. Um eine wirkungsvolle und zielgerichtete Verknüpfung der Qualitäts- und Qualifizierungsaktivitäten zu erreichen, bedarf es der Einrichtung einer den beiden Teilsystemen übergeordneten Koordinationsinstanz für das Gesamtsystem. Abbildung 23 demonstriert die Grundstruktur eines ganzheitlichen Systems.

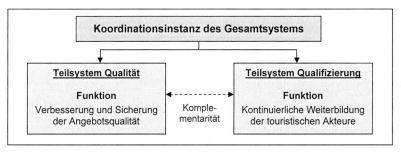

Abb. 23: Grundstruktur eines ganzheitlichen Systems

Dieser Struktur entsprechend werden im Folgenden zunächst die spezifischen Ansprüche an die Gestaltung des Qualitäts- bzw. des Qualifizierungssystems dargestellt (vgl. Kap. 5.2.1 / Kap. 5.2.2). Die Forderungen sind zum einen in der Besonderheit der touristischen Dienstleistung und ihrer Qualität begründet und beziehen sich auf die jeweiligen Rahmenbedingungen des Teilsystems. Zum anderen werden die Anforderungen an den eigentlichen Prozess der Qualitätsverbesserung bzw. der Weiterbildung dargestellt. Im Anschluss erfolgt die Ableitung von Anforderungen, die beide Teilsysteme in gleicher Weise betreffen und auf die Unterstützung dieser bei der Wahrnehmung ihrer jeweiligen Funktion abzielen (vgl. Kap. 5.2.3). Abschließend werden die Ansprüche an die Gestaltung der übergeordneten Koordinationsinstanz bzw. Systemorganisation erläutert (vgl. Kap. 5.2.4). Die Herleitung der Anforderungen erfolgt auf Basis der Ausführungen zu den allgemeinen und tourismusspezifischen Grundlagen zur Qualität und Qualifizierung sowie zur Verknüpfung beider Disziplinen. Für Destinationen, deren Strukturen durch kleine und mittlere Unternehmen sowie Kleinstunternehmen geprägt sind, werden zusätzliche Anforderungen bzw. zusätzliche Anforderungsbegründungen aus den spezifischen Herausforderungen hinsichtlich der Realisierung einer Qualitäts- und Qualifizierungsstrategie in kleinstrukturierten Destinationen abgeleitet.

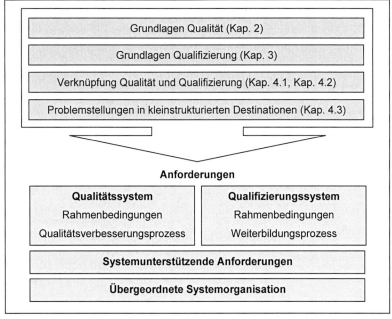

Abb. 24: Vorgehensweise bei der Anforderungsableitung

Einige Anforderungen werden als Empfehlung ausgesprochen, da ihre Umsetzung für den Erfolg eines ganzheitlichen Systems nicht zwingend erforderlich ist, jedoch einen positiven Beitrag zur Zielerreichung leisten kann. Um eine detaillierte Ableitung der Anforderungen zu ermöglichen, werden einige Sachverhalte wiederholt dargestellt.

5.2 Anforderungsableitung

5.2.1 Qualitätssystem

5.2.1.1 Rahmenbedingungen für das Qualitätssystem
Bei der Gestaltung eines Qualitätssystems in einer Destination sind bestimmte Rahmenbedingungen zu berücksichtigen, die in der Besonderheit der Qualität der touristischen Dienstleitung begründet sind.

Anforderungsgerechte Integration aller Qualitätskomponenten
Im Tourismus werden gemäß den materiellen, immateriellen und natürlichen Angebotselementen der touristischen Dienstleistung die drei Qualitätskomponenten Hardware, Software und Umwelt unterschieden. Für den Gast ergibt sich eine qualitativ hochwertige Leistung in der Regel aus dem Zusammenwirken aller drei Komponenten.[1] Um der Ganzheitlichkeit des nachfrageseitigen Qualitätsempfindens gerecht zu werden, muss ein Qualitätssystem die Verbesserung und Sicherung aller Qualitätskomponenten umfassen.

Da die einzelnen Komponenten die Qualitätswahrnehmung des Gastes nicht in gleichem Maße beeinflussen, ist die Einbindung mit unterschiedlichen Schwerpunkten vorzunehmen. Eine wichtige Voraussetzung dafür, dass ein Qualitätssystem zur Stärkung der Wettbewerbsfähigkeit einer Destination beitragen kann, ist die schwerpunktmäßige Ausrichtung des Systems auf die Verbesserung der Software- bzw. Servicequalität der tourismusrelevanten Unternehmen. Über diese Qualitätskomponente lassen sich die für den Gast hinsichtlich seiner Zufriedenstellung wichtigen Unterschiede im Qualitätserlebnis und für die Unternehmen die zur Sicherung ihrer Wettbewerbsfähigkeit notwendigen Differenzierungspotenziale schaffen (vgl. Kap. 2.2.2.1 / Kap. 4.1). Die

---

[1] Vgl. Kap. 2.2.2.1.

Umweltqualität ist zum einen eine bedeutende Qualitätskomponente, da sie für den Gast oftmals die wichtigste Voraussetzung einer Destination für die Eignung als Urlaubsziel darstellt, zum anderen aber auch eine schwer steuerbare Komponente, die nur bedingt positiv beeinflusst werden kann.[2] Das Streben nach Verbesserung der Gesamtqualität einer Destination setzt voraus, dass die Umweltqualität in einem Qualitätssystem Berücksichtigung findet und die Unternehmen dazu aufgefordert werden, in einem von ihnen beeinflussbarem Maße einen Beitrag zur nachhaltigen Pflege der Umweltqualität zu leisten. Diese Vorgehensweise fördert nicht nur das Bewusstsein für die Abhängigkeit des Tourismus von dieser Qualitätskomponente, sondern hat gleichzeitig eine handlungsauslösende Wirkung. Parallel zur Verbesserung der Service- und Umweltqualität sind die Unternehmen durch das Qualitätssystem in die Pflicht zu nehmen, ihre Hardware dauerhaft zu pflegen, da der Gast eine dem betrieblichen Leistungsniveau entsprechende Qualität der materiellen Angebotselemente als gegeben voraussetzt (vgl. Kap. 2.2.2.1).

Berücksichtigung spezifischer Anspruchsgruppen
Durch die zahlreichen Wechselwirkungen des Tourismus mit seiner Umwelt gibt es eine Vielzahl an touristischen Anspruchsgruppen. In Bezug auf die Qualität des Tourismusproduktes kommt der Anspruchsgruppe der Bewohner einer Destination eine besondere Bedeutung zu, da das Qualitätsempfinden des Gastes durch den direkten Kontakt mit den Einwohnern einer Urlaubsregion während seines Aufenthalts von deren Gastfreundschaft abhängig ist. Diese Qualitätskomponente stellt einen bedeutsamen Bestandteil der für die Differenzierung im Wettbewerb wichtigen Softwarequalität dar, ist jedoch gleichzeitig schwer steuerbar und kann von den Unternehmen der Tourismusbranche nur bedingt beeinflusst werden (vgl. Kap. 2.2.2.1 / Kap. 2.2.2.2). Trotz dieser Einschränkungen ist die Gastfreundschaft im Sinne der Notwendigkeit einer ganzheitlichen Qualitätsverbesserung und -sicherung in Form von Verpflichtungen zur Förderung des Allgemeinwohls in das Qualitätssystem einzubeziehen. In dem Wirkungsgefüge von Gastfreundschaft und Angebotsqualität einer Destination spielt eine dritte Komponente eine wichtige Rolle: Das Tourismusbewusstsein der Bewohner der Urlaubsregion.

---

[2] Vgl. Kap. 2.2.2.1 / Kap. 2.2.2.2.

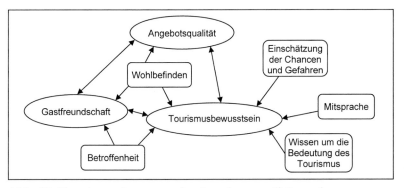

Abb. 25: Tourismusbewusstsein, Angebotsqualität und Gastfreundschaft[3]

Im Zuge der Umsetzung einer Qualitätsstrategie sind die jeweiligen Verantwortungsträger in einer Destination dazu angehalten, begleitende Maßnahmen zur Schaffung eines positiven Tourismusbewusstseins bei den Einwohnern der Urlaubsregion durchzuführen, um eine ganzheitliche Qualitätssicherung zu erzielen. Positive Einflussfaktoren sind beispielsweise die Information über die Bedeutung sowie über Chancen und Risiken des Tourismus oder die Beteiligung der Betroffenen an der Planung und Gestaltung der touristischen Aktivitäten in der Destination.[4]

Neben der Gastfreundschaft der Bewohner beeinflusst auch die Zusammenarbeit der einzelnen Leistungsträger die Qualität des Tourismusproduktes. Die zahlreichen komplementären Sach- und Dienstleistungen des touristischen Leistungsbündels werden in der Regel von unterschiedlichen Anbietern in einem interorganisationalen Prozess erbracht (vgl. Kap. 2.2.2.1 / Kap. 2.2.2.2), so dass die in der Leistungskette verbundenen Unternehmen auf die Kooperation untereinander sowie mit Tourismusorganisationen angewiesen sind. Da ein mangelndes integratives Denken und Handeln der Unternehmen negative Auswirkungen auf die Angebotsqualität einer Destination haben kann, besteht die Notwendigkeit, die Kooperation mit Partnerunternehmen sowie mit Tourismusorganisationen als eine zu erfüllende Verpflichtung in das Qualitätssystem aufzunehmen.

---

[3] Quelle: Eigene grafische Darstellung gemäß Müller/Boess 1995, 73.
[4] In Anlehnung an Pechlaner/Raich 2007, 21.

Integration aller Bereiche der Tourismuswirtschaft

Die Verantwortung für die Erstellung der Teilleistungen der touristischen Dienstleistungskette sowie für deren Qualität liegt bei unterschiedlichen Anbietern. Für den Gast hingegen spielen einzelne Qualitätsverantwortlichkeiten eine nachrangige Rolle. Er schreibt die erhaltenen Leistungen und deren Qualität dem Gesamtprodukt zu und unterscheidet im Rahmen seiner Qualitätsbeurteilung in der Regel nicht zwischen einzelnen Anbietern. Jeder Leistungsträger kann demnach von der Qualität der übrigen Leistungsträger profitieren bzw. von deren mangelhafter Qualität beeinträchtigt werden.[5] Um aus Sicht des Gastes die Gesamtqualität der touristischen Dienstleistung zu verbessern und zu sichern, ist es erforderlich, alle an der Leistungserstellung beteiligten Unternehmen in die Qualitätsverantwortung einzubeziehen. Zu den Adressaten des Qualitätssystems gehören demnach Leistungsträger aus sämtlichen Wertschöpfungsstufen der touristischen Leistungskette wie Beherbergung, Transport, Unterhaltung oder Gastronomie. Innerhalb einer Wertschöpfungsstufe zählen wiederum alle der Stufe zugehörigen Betriebsarten zum Adressatenkreis des Qualitätssystems. So sind beispielsweise neben den Betrieben der Hotellerie (Hotels, Hotels garni, Gasthöfe, Pensionen) auch die Betriebe der Parahotellerie (Ferienwohnungen, Camping, Kur- und Rehakliniken, Jugendherbergen, Privatzimmer)[6] in das System einzubinden.

An der Erstellung der touristischen Dienstleistung sind indirekt auch Unternehmen der ergänzenden Tourismuswirtschaft sowie der touristischen Randindustrie beteiligt (vgl. Kap. 3.3.1). Durch den Besuch einer Bank oder einer Bäckerei kommt der Gast während seines Aufenthalts in einer Urlaubsregion in Kontakt mit Mitarbeitern von Unternehmen, die nicht zur Tourismuswirtschaft im engeren Sinne gehören. Da deren Verhalten die vom Gast wahrgenommene Servicequalität beeinflusst, ist es zur Verbesserung der Gesamtqualität einer Destination wichtig, auch Dienstleistungsunternehmen der ergänzenden Tourismuswirtschaft sowie der touristischen Randindustrie in den Adressatenkreis des Qualitätssystems aufzunehmen.

Neben dem Qualitätsempfinden der Gäste erfordern auch branchen-interne Faktoren die Einbindung sämtlicher Wertschöpfungsstufen der

---

[5] Vgl. Kap. 2.2.2.1.
[6] Vgl. Freyer 2006, 143.

touristischen Dienstleistungskette in das Qualitätssystem. Ein alle Leistungsträger umfassendes System kann die Erzielung eines einheitlichen Qualitätsverständnisses in der gesamten Destination begünstigen, die Steuerung der Qualität der Gesamtdestinationsleistung vereinfachen und die notwendige Breitenwirkung der Qualitätsverbesserungen ermöglichen. Abbildung 26 zeigt eine Auswahl an Unternehmen bzw. öffentlichen Einrichtungen, die in das Qualitätssystem zu integrieren sind.

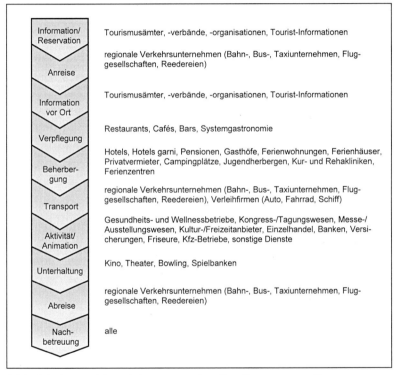

Abb. 26: Auswahl an Adressaten des Qualitätssystems[7]

Ein Qualitätsmanagement, das sämtliche Bereiche und Anspruchsgruppen eines Unternehmens einbindet, wird als „Total Quality Manage-

---

[7] Quelle: Eigene grafische Darstellung in Anlehnung an Müller 2004a, 73 / Freyer 2006, 131, 143.

ment" bezeichnet (vgl. Kap. 2.1.4). Die Notwendigkeit der Einbindung aller tourismusrelevanten Unternehmen bzw. Institutionen in das Qualitätssystem verdeutlicht, dass im Hinblick auf das Qualitätsmanagement die gesamte Destination als eine unternehmerische Wettbewerbseinheit zu verstehen ist.

Stufensystem

Ein Qualitätsmanagement umfasst in der Regel die folgenden drei Aspekte, die es entsprechend auch in einem Qualitätssystem in einer Destination zu berücksichtigen gilt:

- Qualitätsanspruch
- Qualitätsentwicklung
- Qualitätssicherung.

Der *Qualitätsanspruch* beschreibt das vom Unternehmen festzulegende Leistungsniveau, das zur Zufriedenstellung der Gästewünsche angestrebt werden soll. Die Möglichkeit der freien Wählbarkeit des betrieblichen Qualitätsanspruchs ist im Rahmen eines Qualitätssystems in einer Destination erforderlich, weil durch die offene Gestaltung des Systems Unternehmen mit unterschiedlichen Leistungsfähigkeiten teilnehmen können. Die Abweichungen in der Leistungsfähigkeit können in einer unterschiedlichen betrieblichen Ausstattung mit finanziellen und personellen Ressourcen begründet sein, die wiederum durch die Betriebsgröße bedingt sein kann. Durch die Öffnung des Qualitätssystems für ungleich leistungsstarke Unternehmen sind verschiedene Leistungsniveaus im Rahmen des Systems erreichbar. Um dem Anspruch der offenen Systemgestaltung gerecht zu werden, muss das Qualitätssystem realistische Beteiligungsmöglichkeiten für alle Unternehmen bereithalten. Diese Forderung lässt sich über ein Stufensystem mit einem ansteigenden Leistungsniveau umsetzen. Ein solches System kann über eine relativ niedrige Einstiegsstufe gewährleisten, dass Unternehmen mit einer geringen Leistungsfähigkeit teilnehmen können. Gleichzeitig können sich Unternehmen mit einer höheren Leistungsfähigkeit über die unterschiedlichen zu erreichenden Stufen von weniger leistungsstarken Betrieben differenzieren. Jedem Unternehmen ist es freizustellen, welche Stufe und damit welchen Qualitätsanspruch es erreichen möchte.

Neben der Notwendigkeit der Schaffung realistischer Beteiligungsmöglichkeiten für unterschiedlich leistungsfähige Unternehmen erfordern auch die differenzierten Qualitätsansprüche der Gäste eine Gestaltung des Qualitätssystems in Form eines Stufensystems. Die Erwartungen an die Qualität einer touristischen Dienstleistung definieren sich aufgrund fehlender objektiver Beurteilungskriterien über personenspezifische Erfahrungen und Bedürfnisse sowie über Empfehlungen Dritter, die Kommunikation des Anbieters und den Preis der Leistung. In Verbindung mit der Komplexität des touristischen Leistungsbündels sowie der Vielzahl an Qualitätskomponenten führt dies zu sehr differenzierten Erwartungshaltungen und damit zu sehr unterschiedlichen Qualitätsansprüchen bei den Gästen.[8] Die Vielfalt der Ansprüche verlangt von Destinationen, die nicht ausschließlich Nachfrager mit einem bestimmten Qualitätsanspruch fokussieren, ein Angebotsportfolio bereitzuhalten, das sich an Gäste mit unterschiedlichen Qualitätsforderungen richtet. Ein mehrstufiges Qualitätssystem, dessen Teilnehmer ausgehend von ihrem aktuellen Leistungsniveau von Stufe zu Stufe eine höhere Qualität bieten, wird dieser Anforderung gerecht.

Weitere Gründe für die Notwendigkeit zum Aufbau eines gestuften Qualitätssystems liegen in den Eigenschaften der Qualität. Ein mehrstufiges Qualitätssystem wird dem Prinzip der kontinuierlichen Verbesserung gerecht, welches Qualität als einen permanenten Prozess der Verbesserung und Anpassung an die Bedürfnisse der Gäste beschreibt (vgl. Kap. 2.1.4). So ist Qualität in einem Stufensystem nicht ein einmal erreichtes Ergebnis, sondern kann durch das Durchlaufen mehrerer Stufen permanent verbessert werden. Aus dem Prinzip leitet sich als weitere Anforderung ab, dass das System immer eine höhere Stufe als die bis dahin von einem Unternehmen erreichte haben muss oder das mehrmalige Durchlaufen einer Stufe unter Wahrung der kontinuierlichen Verbesserung möglich ist. Dementsprechend lässt sich keine Vorgabe für die Anzahl der Stufen ableiten. Qualität zeichnet sich zudem dadurch aus, dass sie dynamisch ist (vgl. Kap. 2.1.1), das heißt, dass sich sowohl die Qualität der Konkurrenzleistungen als auch die Qualitätsansprüche der Gäste im Zeitverlauf ändern. Ein Stufensystem ist durch die Möglichkeit des Aufbaus weiterer Stufen an derartige veränderte Markterfordernisse anpassbar.

---

[8] Vgl. Kap. 2.2.1 / Kap. 2.2.2.1.

Das Qualitätsmanagement umfasst neben dem Aspekt des Qualitätsanspruchs, aus dem sich die dargestellten spezifischen Merkmale hinsichtlich der Aufbaustruktur des Qualitätssystems ableiten, die Qualitätsentwicklung und die Qualitätssicherung. Beide beziehen sich primär auf die Inhalte des Qualitätsmanagements. Die *Qualitätsentwicklung* umfasst die aktive Pflege sowie die kontinuierliche Verbesserung des festgelegten Leistungsniveaus, wohingegen die *Qualitätssicherung* die bewusste Überprüfung des Leistungsniveaus sowie eine entsprechende Reaktion bei festgestellten Abweichungen beinhaltet. Um diese Aspekte in einem mehrstufigen Qualitätssystem in einer Destination umzusetzen, sind die Unternehmen in einer ersten Stufe zunächst dazu aufzufordern, ihre Qualität und insbesondere ihre Servicequalität zu entwickeln, d. h. zu pflegen und zu verbessern. Mit jeder weiteren Stufe ist die erreichte Qualität im Sinne des Aspekts der Qualitätssicherung zu messen bzw. zu überprüfen und gegebenenfalls zu korrigieren. Darüber hinaus besteht die Notwendigkeit, die Qualität gemäß dem Leistungsniveau der Stufe weiter zu verbessern.

Die höchste Stufe des Qualitätsmanagements bildet die Integration eines Qualitätsmanagementsystems z. B. nach DIN EN ISO 9000:2000 ff. oder nach dem EFQM-Modell für Excellence.[9] Die Unternehmen sind entsprechend über das Durchlaufen der einzelnen Stufen des Qualitätssystems an die Anforderungen eines Qualitätsmanagementsystems heranzuführen. Aufgrund der durch die Dominanz kleiner und mittlerer Unternehmen geprägten Struktur in zahlreichen mitteleuropäischen Destinationen wird für einen Großteil der Tourismusbetriebe die Einführung eines Qualitätsmanagementsystems aufgrund unzureichender finanzieller und personeller Ressourcen und der damit verbundenen schlechten Kosten-Nutzen-Relation kaum zu realisieren sein. Die Berücksichtigung der Bedürfnisse aller Adressaten des Qualitätssystems setzt jedoch voraus, dass Unternehmen, deren spezifische Qualitätsansprüche die Einführung eines Qualitätsmanagementsystems verlangen und deren Verhältnis von Aufwand und Nutzen es zulässt, in Form einer betriebsindividuellen Endstufe des Qualitätssystems hierzu die Möglichkeit gegeben wird. Da die Art des Qualitätsmanagementsystems von den unternehmensindividuellen Anforderungen abhängig ist, darf das Qualitätssystem keine Vorgabe hinsichtlich des einzuführenden Qualitätsmanage-

---

[9] Vgl. Kap. 2.1.5.

mentsystems geben, sondern muss es den Unternehmen überlassen, ein geeignetes Modell auszuwählen.

Die offene Gestaltung des Qualitätssystems birgt die Gefahr, dass das durchschnittliche Leistungsniveau durch die Teilnahme vieler Unternehmen mit weniger hohen Qualitätsansprüchen und einer geringen Leistungsfähigkeit niedrig ist. Um dieser Gefahr entgegenzuwirken, sollte die Festlegung von Zugangsvoraussetzungen für die Systemteilnahme geprüft werden. Diese stellen sicher, dass die teilnehmenden Unternehmen gewisse Basisanforderungen hinsichtlich der Qualität erfüllen und das durchschnittliche Leistungsniveau der Teilnehmer auf einem entsprechenden Stand ist. Da das Qualitätssystem nicht schwerpunktmäßig auf die Verbesserung der Hardwarequalität abzielen sollte, diese aber zumindest bei den in der Destination ansässigen und direkt an der Leistungserstellung beteiligten Unternehmen der Tourismuswirtschaft im engeren Sinne als dem betrieblichen Qualitätsanspruch entsprechend vorausgesetzt werden muss (vgl. Kap. 2.2.2.1), empfiehlt sich die Integration der Hardwarekomponente als Basisanforderung. Gleichwohl setzt diese Vorgehensweise voraus, dass aus Gründen der Gleichbehandlung Hardwarekriterien für alle Unternehmen der engeren Tourismuswirtschaft gefunden werden. Die Ausstattungsqualität der nicht zur Tourismuswirtschaft im engeren Sinne gehörenden Unternehmen, für die in der Regel keine ausstattungsspezifischen Gütezeichen existieren, wird über die Verpflichtung aller Unternehmen zur laufenden Pflege ihrer Hardwarequalität berücksichtigt. Durch eine Zugangsbeschränkung werden zwar zunächst Unternehmen vom System ausgeschlossen, gleichzeitig wird für diese jedoch ein Anreiz geschaffen, sich mit der Qualitätsthematik auseinanderzusetzen, um eine Teilnahme zu ermöglichen. Abbildung 27 fasst die abgeleiteten Anforderungen sowie die Empfehlungen in einem Aufbaumodell für das Qualitätssystem zusammen.

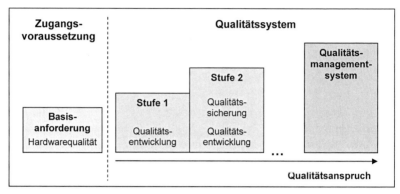

Abb. 27: Aufbaumodell des Qualitätssystems

5.2.1.2 Qualitätsverbesserungsprozess
Neben den Forderungen an die Rahmenbedingungen eines Qualitätssystems lassen sich weitere Anforderungen ableiten, die sich auf den eigentlichen Prozess der Qualitätsverbesserung beziehen.

Prozessorientierter Systemansatz
Damit ein Qualitätssystem alle tourismusrelevanten Unternehmen in einer Destination einschließen kann, ist zu gewährleisten, dass die in einer Systemstufe zu erfüllenden Qualitätsforderungen sowohl die spezifischen Qualitätsnotwendigkeiten der Unternehmen innerhalb einer Wertschöpfungsstufe berücksichtigen als auch von Unternehmen anderer Wertschöpfungsstufen umgesetzt werden können. Diese Anforderung lässt sich auf Basis eines „prozessorientierten Ansatzes" realisieren, bei dem vom Qualitätssystem nicht definierte Kriterien, sondern die vom Unternehmen individuell zu verbessernden Prozesse vorgegeben werden. Der Qualitätsanspruch einer Systemstufe in einem mehrstufigen, auf einem prozessorientierten Ansatz basierenden Qualitätssystem definiert sich entsprechend über den Anspruchsgrad der zu leistenden Prozessverbesserungen. Ein prozessorientierter Systemansatz stellt die Qualitätsentwicklung im Sinne einer kontinuierlichen Prozessverbesserung in den Mittelpunkt und fördert die Eigeninitiative und Selbstverantwortung der Unternehmen hinsichtlich des Qualitätsmanagements.[10]

---

[10] In Anlehnung an Müller 2004b, 302.

Eine Vorgabe der zu verbessernden Prozesse erscheint im Rahmen eines Qualitätssystems in einer Destination aufgrund der teilweise unzureichenden methodischen Fähigkeiten der Unternehmer im Tourismus[11] nicht ausreichend. Vielmehr ist es erforderlich, den Unternehmen die zur Prozessverbesserung anzuwendenden Instrumente an die Hand zu geben. Diese müssen die Betriebe befähigen, die Aufgaben des Qualitätsmanagements mit den Bereichen Qualitätsplanung, -lenkung, -sicherung und -verbesserung wahrzunehmen und auf diese Weise die Verbesserung der betrieblichen Prozesse und die Umsetzung des Qualitätsmanagements einzuleiten. So stellt beispielsweise die Forderung nach Ausrichtung sämtlicher Unternehmensaktivitäten an den Gästeerwartungen den zu verbessernden Prozess dar, die Gästebefragung und das Beschwerdemanagement mögliche anzuwendende Instrumente. Die Vorgabe einer Systematik für die Prozessverbesserung kann Hemmschwellen reduzieren, die zu einer eventuellen Ablehnung der Teilnahme am Qualitätssystem führen könnten. Zudem ist der Aufwand für die Beratung und Betreuung der Unternehmen geringer, als wenn keine Instrumente für die Umsetzung der Qualitätsforderungen bereitgestellt werden würden.

Total Quality Management
Ein Qualitätssystem mit dem Ziel der Verbesserung der Gesamtqualität einer Destination darf nicht nur in Bezug auf die Destination selbst umfassend, d. h. unter Einbindung aller ihrer Bereiche und Anspruchsgruppen erfolgen. Auch im Hinblick auf ein einzelnes Unternehmen ist die Einbeziehung sämtlicher Unternehmensbereiche in das betriebliche Qualitätsmanagement Voraussetzung für eine systematische Verbesserung und Sicherung der Angebotsqualität. Die Realisierung einer ganzheitlichen Qualitätsverbesserung in den am Qualitätssystem teilnehmenden Unternehmen setzt voraus, dass sich die in den Betrieben zu initiierenden Qualitätsverbesserungsprozesse an den Grundsätzen des umfassenden Qualitätsmanagements, des Total Quality Managements orientieren und diese schrittweise in den Unternehmen umsetzen. Um dieser Forderung gerecht zu werden, müssen sich die in einer Systemstufe zu verbessernden Prozesse auf den Grundsatz der strategischen Unternehmensausrichtung, der Führungsverantwortung, der Prozess-, Kunden- und Mitarbeiterorientierung und der kontinuierlichen Verbesserung be-

---

[11] Vgl. u. a. Fuchs 2004, 256 / Pechlaner/Fischer/Priglinger 2006, 126.

ziehen. Abbildung 28 fasst vereinfacht die Funktionsweise des Qualitätssystems zusammen.

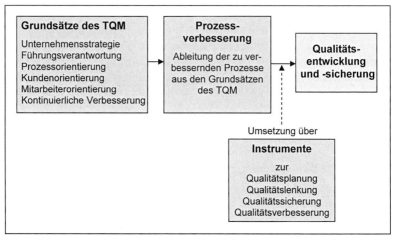

Abb. 28: Funktionsweise des Qualitätssystems

Im Folgenden werden die zu verbessernden Prozesse bzw. die zur Prozessverbesserung anzuwendenden Instrumente dargestellt, zu deren Umsetzung bzw. Anwendung die Unternehmen durch ein Qualitätssystem aufzufordern sind, damit das System dem Anspruch der Implementierung eines umfassenden Qualitätsmanagements in den Betrieben gerecht wird.

Strategische Unternehmensausrichtung – Führungsverantwortung
Das Total Quality Management nimmt die Unternehmensleitung in die Pflicht, Qualitätsgrundsätze und -ziele zu erarbeiten und diese als langfristige strategische Leitlinien für das unternehmerische Handeln in die gesamte Organisation zu integrieren. Zur wirkungsvollen Umsetzung und zur Förderung der Akzeptanz des TQM müssen sich die Führungskräfte mit der Qualitätsphilosophie des Unternehmens identifizieren und diese gegenüber den Mitarbeitern durch ein qualitätsbewusstes und kundenorientiertes Verhalten vorleben.[12]

---

[12] Vgl. Kap. 2.1.4.

Ein touristisches Qualitätssystem, dessen Forderungen sich aus den Grundsätzen des Total Quality Managements ableiten, muss Instrumente beinhalten, die die teilnehmenden Unternehmen zur Formulierung individueller Qualitätsgrundsätze sowie zur Definition betriebsspezifischer Qualitätsziele verpflichten. In die Erarbeitung der Leitlinien im Bereich Qualität ist zum einen explizit die Führungsebene einzubeziehen, zum anderen ist ein Handlungsspielraum zur Einbindung der Mitarbeiter zu schaffen. Bei der Festlegung der Ziele ist zu gewährleisten, dass die Bedürfnisse der Anspruchsgruppen und insbesondere der Gäste berücksichtigt werden. Insgesamt ist sicherzustellen, dass die zu verbessernden Prozesse und die anzuwendenden Instrumente stufenweise eine stärkere, dem Qualitätsanspruch der jeweiligen Stufe entsprechende Integration der Qualitätsthematik in die Unternehmensstrategie vorsehen.

Die Umsetzung der im Rahmen des TQM geforderten Mitarbeiterorientierung, die u. a. die Integration der Mitarbeiter in die Qualitätsverantwortung sowie die Mitarbeitermotivation vorsieht, setzt einen partizipativen Führungsstil voraus (vgl. Kap. 2.1.4). Aus diesem Grund bedarf es der Einbindung von Instrumenten in das Qualitätssystem, die auf die Kontrolle der Führungskräfte hinsichtlich ihres Führungsstils abzielen. Neben einer Selbstkontrolle durch die Führungskräfte ist eine Reflexion des Führungsstils durch die Mitarbeiter wichtig. Darüber hinaus muss das Qualitätssystem von den Unternehmen verlangen, betriebsspezifische Standards zu erarbeiten, die sicherstellen, dass die Unternehmensleitung ihrer Qualitätsverpflichtung und ihrer Vorbildfunktion nachkommen kann. Hierzu gehören beispielsweise die Kenntnis der Gästebedürfnisse und die eigene Weiterbildung.

Prozessorientierung

Die Prozessorientierung verlangt von den Unternehmen die Abkehr vom abteilungsorientierten Denken und die Betrachtung der Arbeitsabläufe als Prozessschritte, die funktionsübergreifend auf das Ziel der Erfüllung der Kundenerwartungen ausgerichtet und in diesem Sinne durch das Setzen von Standards permanent zu verbessern sind (vgl. Kap. 2.1.4). Die prozessorientierte Sichtweise der Leistungserstellung spiegelt sich für Dienstleistungen im Allgemeinen und touristische Dienstleistungen im Speziellen in der Leistungskette wider (vgl. Kap. 2.2.2.1). Eine derartige Kette lässt sich nicht nur für das touristische Gesamtprodukt aufstellen, sondern auch für die einzelnen, an der Produkterstellung beteiligten Unternehmen. So setzt sich die Leistungs- bzw. Servicekette eines Beherbergungsbetriebs u. a. aus den Elementen Information, Ankunft, Zimmerbezug, Aufenthalt und Check-out zusammen.[13]

Zur Initiierung der Prozessorientierung in den Unternehmen sind diese durch das Qualitätssystem in die Pflicht zu nehmen, die betriebsspezifischen Serviceketten zu identifizieren und die Arbeitsschritte entlang der Kette zu strukturieren. Darüber hinaus ist die Definition von Qualitätsstandards erforderlich, mit Hilfe derer das Leistungsniveau in den einzelnen Kettengliedern zu optimieren ist. Die Realisierung einer kontinuierlichen Prozessverbesserung setzt voraus, dass das Anspruchsniveau der Standards schrittweise gesteigert wird und eine regelmäßige, kritische Auseinandersetzung mit den erreichten Ergebnissen sowie den eigenen Stärken und Schwächen vorgenommen wird. Sowohl die Definition der Serviceketten als auch die Festlegung der Qualitätsstandards ist aus Sicht der Gäste vorzunehmen, um das prozessübergreifende Ziel der Erwartungserfüllung bzw. -übererfüllung erreichen zu können. Aufgrund der sich ändernden Markterfordernisse wie steigende Qualitätserwartungen auf der Nachfrageseite und verbesserte Leistungsqualitäten der Konkurrenz sind die Serviceketten wie auch die Standards regelmäßig auf Aktualität und Angemessenheit hin zu überprüfen.

Kundenorientierung

Die Kundenorientierung ist das zentrale Anliegen des TQM und verlangt von den Unternehmen eine konsequente Ausrichtung der betrieblichen Prozesse auf die Wünsche der Kunden. Das Ziel der Kundenorientierung ist es, die Qualitätserwartungen der Kunden zu kennen und sämtliche Unternehmensaktivitäten dahingehend zu optimieren, dass diese erfüllt oder im besten Fall übertroffen werden können.[14] In Dienstleistungsbranchen wie dem Tourismus kommt diesem Grundsatz eine besondere Bedeutung zu, da sich die Qualität einer Dienstleistung über die Erwartungshaltung des Kunden bestimmt und die Orientierung an dieser eine zwingende Voraussetzung für seine Zufriedenstellung darstellt (vgl. Kap. 2.2.2.1).

Im Leistungserstellungsprozess eines Anbieters touristischer Dienstleistungen können vier potenzielle Qualitätslücken auftreten, die beim

---

[13] In Anlehnung an Müller 2004a, 95.
[14] Vgl. Kap. 2.1.4.

Gast zu einer abweichenden Wahrnehmung der tatsächlich erhaltenen von der erwarteten Leistung und damit zu einer als negativ empfundenen Qualität führen können (vgl. Kap. 2.1.2). Um mit Hilfe eines Qualitätssystems den Grundsatz der Kundenorientierung in den Unternehmen zu implementieren und den Grad der Erwartungserfüllung zu optimieren, bedarf es einer Verbesserung bzw. Sicherung der betrieblichen Aktivitäten im Hinblick auf die vier Lücken der Dienstleistungsqualität. Den Unternehmen sind Instrumente an die Hand zu geben, mit Hilfe derer das Auftreten nicht realitätsgetreuer Vorstellungen des Managements von den Kundenerwartungen, das Fehlen von Standards für die Erbringung der Servicequalität bzw. deren falsche Umsetzung oder das Auftreten von Differenzen zwischen dem in der Kommunikation versprochenen und dem geleisteten Service vermieden werden können. Hierzu gehören Instrumente wie Befragungen oder das Beschwerdemanagement, die der Gewinnung von Erkenntnissen über die Gästeerwartungen dienen. Die regelmäßige Ermittlung der Erwartungen und Bedürfnisse bildet die Voraussetzung dafür, dass die Adäquatheit und Aktualität der Serviceketten sowie der Qualitätsstandards gewährleistet werden kann. Darüber hinaus tragen auch eine regelmäßige Information und Schulung der Mitarbeiter sowie eine offene Kommunikationspolitik zur Vermeidung von Qualitätslücken im Leistungserstellungsprozess bei.

Die Erwartungen an die Qualität von Dienstleistungen sind sehr unterschiedlich, da für ihre Beurteilung kaum objektive Kriterien herangezogen werden können und sich die Erwartungshaltung des Leistungsempfängers primär über subjektive Determinanten wie persönliche Bedürfnisse und Erfahrungen definiert.[15] Im Hinblick auf die touristische Dienstleistung wird die Vielfalt an Qualitätsvorstellungen zudem dadurch erhöht, dass die Gäste durch ihre gestiegene Reiseerfahrung und erhöhte Marktkenntnis zunehmend individuellere Motiv- und Aktivitätsbündel entwickeln, die mit sehr unterschiedlichen Qualitätserwartungen verbunden sind. Die Ansprüche an die Qualität touristischer Dienstleistungen sind insgesamt sehr differenziert und variieren zwischen einzelnen Gästen bzw. Gästegruppen. Eine pauschale Qualitätserbringung reicht zur Zufriedenstellung der Besucher einer Destination nicht aus. Vielmehr kann die Verbesserung und Sicherung der Angebotsqualität der tourismusrelevanten Unternehmen dann wirkungsvoll zur Förderung der

---

[15] Vgl. Kap. 2.1.2.

betrieblichen Konkurrenzfähigkeit sowie zur Stärkung der Wettbewerbsfähigkeit einer Destination beitragen, wenn im Rahmen des Qualitätssystems durch die Unternehmen spezifische Problemlösungen für einzelne Zielgruppen erarbeitet werden. Die Zielgruppenorientierung verlangt von den Unternehmen eine Identifikation der für sie zentralen Zielgruppe bzw. Zielgruppen und eine konsequente Ausrichtung des gesamten Qualitätsmanagementprozesses auf diese Gästegruppen. Dies betrifft insbesondere die zielgruppenspezifische Definition der Serviceketten und Qualitätsstandards sowie die zielgruppenorientierte Ermittlung der Gästebedürfnisse.[16]

Mitarbeiterorientierung

Der Grundsatz der Mitarbeiterorientierung fordert im Zuge der Umsetzung eines Total Quality Managements die Partizipation der Mitarbeiter an der Qualitätsverantwortung, mit dem Ziel, das Qualitätsmanagement umfassend in allen Arbeitsbereichen des Unternehmens umzusetzen. Um ein qualitätsorientiertes Handeln der Beschäftigten zu gewährleisten, ist neben einer regelmäßigen Schulung und Information der Mitarbeiter auch ihre Motivation mit Hilfe unterschiedlicher Anreize notwendig. In Dienstleistungsbranchen erfordert die Mitarbeiterorientierung besondere Aufmerksamkeit, da die Qualität einer Dienstleistung aufgrund des persönlichen Kontaktes zwischen Kunde und Mitarbeiter zum Zeitpunkt der Leistungserstellung in besonderem Maße durch das Verhalten des Mitarbeiters beeinflusst wird.[17]

Die Implementierung des Grundsatzes der Mitarbeiterorientierung in den am Qualitätssystem teilnehmenden Unternehmen setzt voraus, dass das System die Mitarbeiter nicht ausschließlich in einer umsetzenden Rolle sieht, sondern Instrumente vorhält, die die Beschäftigten in den Qualitätsmanagementprozess einbeziehen. Derartige Ansätze bieten beispielsweise das betriebliche Vorschlagswesen, die Einrichtung von Quali-

---

[16] Die Theorie betrachtet auch die Beschäftigten sowie weitere unternehmerische Anspruchsgruppen als „Kunden" (vgl. Kap. 2.1.4). Die Mitarbeiter werden im Rahmen der „Mitarbeiterorientierung" (s. u.) berücksichtigt. Auf die beiden zentralen unternehmensexternen Anspruchsgruppen hinsichtlich der Qualität der touristischen Leistung, die Bewohner einer Destination sowie andere zur Leistungskette gehörende Unternehmen, wurde im Zuge der Anforderung „Berücksichtigung spezifischer Anspruchsgruppen" (vgl. Kap. 5.2.1.1) eingegangen.
[17] Vgl. Kap. 2.1.4.

tätszirkeln zur gemeinsamen Bearbeitung der Instrumente des Qualitätsmanagements oder die Beteiligung an der Planung der Qualitätsziele. Auch die Ernennung eines Qualitätsbeauftragten überträgt Verantwortung auf zumindest einen Mitarbeiter. Ferner sind die Unternehmen durch das Qualitätssystem zu einer regelmäßigen Schulung und Information der Mitarbeiter über das betriebliche Qualitätsmanagement aufzufordern. Die Schulungen müssen die Mitarbeiter mit den Instrumenten des Qualitätssystems wie den Serviceketten oder dem Beschwerdemanagement vertraut machen. Um ein serviceorientiertes Verhalten und Handeln der Beschäftigten zu gewährleisten, ist es darüber hinaus erforderlich, ihre Kenntnisse und Fähigkeiten im Bereich der Servicequalität und der Kundenorientierung zu fördern. Die Motivation der Mitarbeiter stellt eine Aufgabe der Führungskräfte dar, die im Rahmen des Qualitätssystems zur Umsetzung motivationsfördernder Maßnahmen materieller und/oder immaterieller Art zu verpflichten sind.

Kontinuierliche Verbesserung
Ein weiterer Grundsatz des TQM ist das Prinzip der kontinuierlichen Verbesserung, welches darauf abzielt, durch regelmäßige Evaluation sowie die Nutzung von Fehlern für Verbesserungen die Qualität einer Leistung auf langfristige Sicht schrittweise zu erhöhen (vgl. Kap. 2.1.4). Um diesem Anspruch im Rahmen eines touristischen Qualitätssystems gerecht zu werden, bedarf es der Einbindung von Instrumenten, die den Unternehmen eine Evaluierung der umgesetzten Verbesserungsmaßnahmen ermöglichen und gleichzeitig Ansatzpunkte für weitere Verbesserungen aufzeigen. Hierzu gehören beispielsweise Gästebefragungen und Mystery Checks. Auch ein systematisches Beschwerdemanagement und ein Benchmarking können Hinweise auf Verbesserungsmöglichkeiten liefern. Neben einer Evaluierung durch externe Personen können auch mit Hilfe von Mitarbeiterbefragungen Verbesserungspotenziale ermittelt werden. Die Umsetzung des Prinzips der kontinuierlichen Verbesserung setzt voraus, dass das Qualitätssystem die Unternehmen zu einer permanenten Auseinandersetzung mit den Instrumenten des Qualitätsmanagements verpflichtet.

5.2.2 Qualifizierungssystem

5.2.2.1 Rahmenbedingungen für das Qualifizierungssystem
Zahlreiche Destinationen in den traditionellen mitteleuropäischen Tourismusgebieten sind im Vergleich zu vielen Ferndestinationen über einen langen Zeitraum zu Urlaubsregionen herangewachsen und kennzeichnen sich oftmals durch eine Struktur, die von kleinen und mittleren Unternehmen geprägt ist.[18] Da die für die Durchführung interner Weiterbildung erforderlichen Größeneffekte und Kostenvorteile von einem Großteil der Unternehmen aufgrund der Betriebsgröße nicht generiert werden können, ist davon auszugehen, dass diese keine bzw. kaum interne Weiterbildungsveranstaltungen durchführen sowie nur in seltenen Fällen ein systematisches Personalmanagement betreiben.[19] Demzufolge können Qualifikationen in einem Großteil der Tourismusbetriebe, abgesehen von der Rekrutierung von Arbeitskräften über den Arbeitsmarkt, nur über die externe Weiterbildung der Beschäftigten geschaffen werden. Die grundsätzliche Aufgabe eines touristischen Qualifizierungssystems besteht daher in der Durchführung externer Weiterbildungsveranstaltungen zur Vermittlung von Wissen sowie zur Förderung der Fähigkeiten der Akteure in einer Destination. Bei der Gestaltung eines solchen Systems sind bestimmte Rahmenbedingungen zu berücksichtigen.

Integration des Beschäftigungsbereichs im engeren Sinne
Der Arbeitsmarkt im Tourismus lässt sich in einen Beschäftigungsbereich im engeren Sinne und einen ergänzenden, indirekten Beschäftigungsbereich einteilen. Der Bereich im engeren Sinne umfasst typische und repräsentative Tourismusberufe, die in Unternehmen ausgeübt werden, die direkt an der Erstellung der touristischen Dienstleistung beteiligt sind.[20] Hierzu gehören Gastronomie- und Beherbergungsbetriebe, Tourismusorganisationen, Transportunternehmen, freizeittouristische Unternehmen sowie weitere private und öffentliche Unternehmen bzw. Einrichtungen. Da zur Zufriedenstellung des Gastes die Angebots- und insbesondere die Servicequalität in sämtlichen Teilleistungen des touristischen Leistungsbündels sicherzustellen ist (vgl. Kap. 2.2.2.1), besteht grundsätzlich in allen direkt an der Leistungserstellung beteiligten Unter-

---

[18] Vgl. u. a. Pechlaner/Fischer/Priglinger 2006, 121ff. / Pompl/Buer 2006, 31.
[19] Vgl. hierzu Kap. 3.2.2.3 / Kap. 4.3 / Fuchs 2003, 160f.
[20] Vgl. Kap. 3.3.1.

nehmen eine Notwendigkeit zur kontinuierlichen Anpassung und Weiterentwicklung der Qualifikationen der Beschäftigten. Ein touristisches Qualifizierungssystem muss entsprechend offen für diejenigen Beschäftigten bzw. Unternehmen sein, die dem Beschäftigungsbereich im engeren Sinne zuzurechnen sind.

Die Servicequalität, die ein Gast während seines Aufenthalts in einer Urlaubsregion erfährt, ist ferner vom Verhalten der Beschäftigten des ergänzenden Beschäftigungsbereichs sowie von der Gastfreundschaft der Bewohner der Destination abhängig (vgl. Kap. 2.2.2.1 / Kap. 3.3.1). Der ergänzende Beschäftigungsbereich umfasst Berufe wie Einzelhändler, die nur indirekt an der Erstellung der touristischen Dienstleistung beteiligt sind und zu deren Ausübung keine spezifische touristische Ausbildung erforderlich ist. Da die Beschäftigten im nicht typisch touristischen Dienstleistungsgewerbe zur serviceorientierten Ausübung ihrer Tätigkeit kein tourismusspezifisches Fachwissen benötigen, stellen sie keine direkte Zielgruppe des Qualifizierungssystems dar. Auch die Bewohner einer Destination bilden keine primäre Zielgruppe des Systems, da sich ihr Trainingsbedarf auf die allgemeine Gäste- und Serviceorientierung sowie auf die Vermittlung von Regionskenntnissen reduziert.[21] Gleichwohl empfiehlt es sich, den Akteuren des ergänzenden Beschäftigungsbereichs sowie den Einwohnern einer Destination die Teilnahme an einem touristischen Qualifizierungssystem freizustellen, um über positive Effekte aus dem Umfeld der Tourismusbranche im engeren Sinne den Prozess der Qualitätsverbesserung in einer Destination zu unterstützen.

Integration aller Beschäftigungsgruppen

Die Wirksamkeit einer Qualifizierungsstrategie in einer Destination kann nicht nur durch die Einbeziehung sämtlicher direkt am Leistungserstellungsprozess beteiligten Unternehmen gesteigert werden, sondern auch durch die Einbindung möglichst vieler Beschäftigter in den jeweiligen Unternehmen. Die Servicequalität eines touristischen Unternehmens ist sowohl von der Qualifikation und dem Verhalten einer Führungs- oder Fachkraft als auch eines An- oder Ungelernten abhängig. Das Qualifizierungssystem muss demnach offen sein für Beschäftigte sämtlicher Beschäftigungsgruppen der durch das System angesprochenen Unterneh-

---

[21] In Anlehnung an Beritelli 1999, 40.

men und die Weiterbildung von Führungs- und Fachkräften sowie von An- und Ungelernten ermöglichen.

In Destinationen mit einem hohen Anteil an kleinen und mittleren sowie Kleinstunternehmen ist im Hinblick auf die Beschäftigungsmerkmale der Tourismusbranche (vgl. Kap. 3.3.1) davon auszugehen, dass in einem Großteil der Betriebe neben dem Unternehmer nur wenige und vielfach gering qualifizierte Mitarbeiter beschäftigt sind. Der unternehmerische Erfolg ist in diesen Fällen fast ausschließlich vom Entscheidungsverhalten des Unternehmers abhängig, so dass dessen Weiterbildung besondere Aufmerksamkeit erhalten muss (vgl. auch Kap. 4.3).

Integration einer Weiterbildungsberatung

Den Ausgangspunkt einer systematischen Qualifizierung der Leiter und der Mitarbeiter touristischer Unternehmen bildet die Identifizierung der aktuellen Qualifikationen, der gegenwärtigen und zukünftigen Qualifikationsanforderungen sowie des sich daraus ergebenden Weiterbildungsbedarfs in den Unternehmen (vgl. Kap. 3.2.2.3). Die Kenntnis der derzeitigen und künftigen Bildungserfordernisse ist notwendig, um darauf aufbauend eine bedarfsgerechte Weiterbildung für die Beschäftigten planen und veranlassen zu können. Die geringe interne Weiterbildungsintensität und die insgesamt niedrige Weiterbildungsquote deuten in Verbindung mit der oftmals fehlenden Einsicht in den Nutzen der Weiterbildung darauf hin, dass kleinen und mittleren Unternehmen im Tourismus häufig die erforderlichen Voraussetzungen und Möglichkeiten für eine intensivere Auseinandersetzung mit dem Thema „Weiterbildung" fehlen. Aus dieser Problematik heraus ergibt sich die Notwendigkeit, ein touristisches Qualifizierungssystem in Destinationen mit einem hohen Anteil kleiner und mittlerer Unternehmen mit einem Beratungs- bzw. Coachingangebot[22] zu kombinieren. Die Unternehmen haben so die Möglichkeit, gemeinsam mit einem Berater oder Coach künftige Anforderungen an ihre Beschäftigten und daraus resultierende Weiterbildungsbedarfe zu identifizieren, Lernziele zu definieren und die erforderlichen Weiterbildungsmaßnahmen festzulegen.

---

[22] „Coaching" bezeichnet die „Kombination aus individueller, unterstützender Problembewältigung und persönlicher Beratung auf Prozessebene für unterschiedliche berufliche und private Anliegen [...]. Das Grundziel des Coachings ist [...] die Hilfe zur Selbsthilfe und zur Selbstverantwortung." (Rauen 2002, 68).

Zeitlich flexible und dezentrale Maßnahmendurchführung

Die zeitliche und räumliche Flexibilität der Durchführung der im Rahmen des Qualifizierungssystems anzubietenden Weiterbildungsmaßnahmen stellt einen wichtigen Einflussfaktor der Teilnahmebereitschaft und -fähigkeit der im Tourismus Beschäftigten dar. Der hohe Arbeitsaufwand in der Saison, die häufig ungünstigen Arbeitszeiten, die saisonbedingte zeitliche Befristung zahlreicher Arbeitsverhältnisse sowie die geringe Personaldecke kleiner Unternehmen (vgl. Kap. 3.3.1 / Kap. 4.3) machen eine Teilnahme u. a. verstärkt von den zeitlichen und räumlichen Gegebenheiten der Weiterbildungsveranstaltungen abhängig.

Um die Weiterbildung zeitlich flexibel zu gestalten, muss ein touristisches Qualifizierungssystem Auswahlmöglichkeiten bei den Veranstaltungsterminen bieten, indem gleiche Veranstaltungen an unterschiedlichen Terminen durchgeführt werden. Darüber hinaus ist den Teilnehmern der Weiterbildung eine flexible zeitliche Gliederung einzelner Weiterbildungsphasen zu ermöglichen. Diese sollten in einer individuellen Reihenfolge und je nach Bedarf auch in Vollzeit absolviert werden können. Ferner besteht die Notwendigkeit, dem Problem der fehlenden Zeit der Beschäftigten für die Weiterbildung während der Saison entgegenzuwirken. Die Qualifizierung der Fach- und Führungskräfte sollte sich schwerpunktmäßig auf die Nebensaison konzentrieren, da bei ihnen davon auszugehen ist, dass sie auch in dieser Zeit im Unternehmen beschäftigt sind. Für die Weiterbildung der Saisonarbeitskräfte bieten sich spezifische Kompaktkurse zu Saisonbeginn an.

Ein wirkungsvolles Qualifizierungssystem in einer Destination muss hinsichtlich der räumlichen Durchführung der Weiterbildungsmaßnahmen auf einem dezentralen Ansatz basieren, um den Beschäftigten aus Unternehmen in allen Teilen der Destination optimale Zugangsmöglichkeiten zu den Veranstaltungen zu bieten. Gleiche Maßnahmen sind an unterschiedlichen, über die Destination verteilte Orte durchzuführen. Als Maßnahme zur Dezentralisierung der Weiterbildungsdurchführung empfiehlt sich der Zusammenschluss verschiedener Träger touristischer Weiterbildung zu Kooperationen mit dem Zweck der gemeinsamen Nutzung von Standorten. Zudem kann das Standortnetz über die Gewinnung zusätzlicher Bildungsträger für die Veranstaltung tourismusspezifischer Weiterbildungsmaßnahmen ausgeweitet werden. Darüber hinaus bietet es sich an, im Rahmen des Qualifizierungssystems „in-house"-Maßnahmen (vgl. Kap. 3.2.2.1) als eine weitere Möglichkeit der betriebsnahen Durchführung von Weiterbildungsveranstaltungen durchzuführen. In diesem Zusammenhang ist es wichtig, die Kooperationsfähigkeit der Unternehmen im Hinblick auf die gemeinsame Veranstaltung und Finanzierung derartiger Maßnahmen zu fördern, um den insbesondere für Kleinbetriebe bestehenden Nachteil abzuschwächen, dass sich ihre Durchführung in der Regel nur bei entsprechenden Größeneffekten und den darüber erzielbaren Kostenvorteilen lohnt. Auch Weiterbildungsmaßnahmen, die Präsenzveranstaltungen mit Selbstlernphasen kombinieren, können zumindest teilweise die räumlich bedingten Zugangsbarrieren reduzieren und zusätzlich die zeitliche Flexibilität der Weiterbildung erhöhen.

5.2.2.2 Weiterbildungsprozess
Neben den Forderungen an die Rahmenbedingungen des Qualifizierungssystems lassen sich weitere Anforderungen ableiten, die sich direkt auf den Prozess der Weiterbildung beziehen.

Segmentierung der Weiterbildung
Aus der Definition der Adressaten des Qualifizierungssystems[23] leiten sich für den Prozess der Weiterbildung Segmentierungsnotwendigkeiten in Bezug auf die Aufgaben und die Vorbildungen der Beschäftigten ab.

Die aufgabenspezifische Segmentierung ist aufgrund der Unterschiede in den Tätigkeiten der durch das Qualifizierungssystem angesprochenen Beschäftigten erforderlich. Diese resultieren zum einen aus der Aufgabenteilung zwischen den Mitarbeitern innerhalb eines Unternehmens. So können beispielsweise Unterschiede dahingehend bestehen, dass einige Beschäftigte kaufmännische Tätigkeiten ausüben, während andere ausschließlich serviceorientierte Aufgaben im direkten Kontakt mit den Gästen wahrnehmen. Die im Rahmen des Qualifizierungssystems zu absolvierenden Weiterbildungsmaßnahmen müssen daher in Abstimmung mit den derzeitigen und zukünftigen Tätigkeiten des jeweiligen Beschäftigten ausgewählt werden können. Auf diese Weise kann gewährleistet werden, dass die vermittelten Qualifikationen mit den Aufgaben des Weiterbildungsteilnehmers übereinstimmen (vgl. Kap. 3.2.2.3). Zum anderen sind die Unterschiede in den Aufgaben der Adressaten des Quali-

---

[23] Vgl. Kap. 5.2.2.1.

fizierungssystems in deren Zugehörigkeit zu verschiedenen Branchensegmenten begründet und erfordern im Hinblick auf die Vermittlung von Fachkenntnissen eine weitere aufgabenspezifische Segmentierung der Weiterbildung. Die dargestellten Anforderungen an die Qualifikationen der im Tourismus Beschäftigten (vgl. Kap. 3.3.2.2) sind zwar für alle touristischen Teilarbeitsmärkte wie Beherbergung, Freizeit oder Gastronomie gültig, hinsichtlich der tourismusspezifischen Fachkenntnisse unterscheiden sie sich jedoch in Teilen in ihrer inhaltlichen Ausprägung. So benötigen Beschäftigte im Beherbergungswesen teilweise andere touristische Fachkenntnisse als Mitarbeiter freizeittouristischer Unternehmen. In einem Qualifizierungssystem in einer Destination gilt es entsprechend zu berücksichtigen, dass Teilnehmer aus verschiedenen Branchensegmenten unterschiedliche Fachkenntnisse erwerben müssen.

Neben der Einbindung von Beschäftigten aus verschiedenen Branchensegmenten besteht die Notwendigkeit, unterschiedliche Beschäftigungsgruppen in den jeweiligen Unternehmen in die systematischen Weiterbildungsaktivitäten einer Destination einzubeziehen und damit Personen mit unterschiedlichen Vorbildungen und Leistungsfähigkeiten zu qualifizieren. In einem offenen, für alle Beschäftigungsgruppen zugänglichen Qualifizierungssystem bedarf es daher der Schaffung verschiedener Qualifizierungsebenen für Beschäftigte mit unterschiedlichen Vorbildungen. Eine gerechte und transparente Einordnung der touristischen Akteure in die einzelnen Qualifizierungsebenen setzt voraus, dass Basisanforderungen als Zugangsvoraussetzung für die Teilnahme an einer Ebene definiert werden. Diese sollten eine der jeweiligen Qualifizierungsebene entsprechende theoretische und/oder praktische Vorbildung im Tourismus verlangen. Hinsichtlich der theoretischen Vorbildung sollten nicht nur touristische Ausbildungen, sondern auch absolvierte Fortbildungen berücksichtigt werden. Zur Schaffung einer einheitlichen Wissensgrundlage bei den Teilnehmern einer Qualifizierungsebene empfiehlt sich die Integration eines Basismoduls zu touristischem Grundlagenwissen, das im Vorfeld der eigentlichen Qualifizierung zu besuchen wäre. Dieses bietet sich insbesondere für die Bildungsgänge der An- und Ungelernten an, bei denen durch die fehlende bzw. verkürzte theoretische Vorbildung in der Regel nur geringe touristische Grundkenntnisse vorhanden sind.

Systematische und kontinuierliche Weiterbildung im modularen System

Eine systematische und langfristig ausgerichtete Weiterbildung der touristischen Akteure einer Destination gewinnt aufgrund unterschiedlicher allgemeiner und branchenspezifischer Entwicklungen wie der Notwendigkeit der Hervorbringung von Innovationen an Bedeutung.[24] Die hierfür erforderlichen Strukturen gilt es bei der Gestaltung eines Qualifizierungssystems zu berücksichtigen. Die Grundlage für ein systematisches Vorgehen bei der Weiterbildung ist der Aufbau des Qualifizierungssystems in Form eines modularen Systems, in dem die Lerninhalte über einzelne, in sich abgeschlossene Module bzw. Kurseinheiten vermittelt werden. Der modulare Aufbau erlaubt den Unternehmen eine einfache Organisation einzelner Lernschritte, erleichtert eine auf die Aufgaben der Beschäftigten abgestimmte Auswahl der Weiterbildungsinhalte und fördert durch die Aufgliederung umfangreicher Lerninhalte in einzelne Module die zeitliche Flexibilität der Teilnahme an Weiterbildungsmaßnahmen. Darüber hinaus ist es wichtig, dass mit der Absolvierung einer gewissen Anzahl an Modulen ein Abschluss erreicht werden kann, dessen Erzielung jeweils die erfolgreiche Beendigung eines Bildungsgangs[25] markiert. Die Schaffung einzelner Bildungsgänge durch Zusammenfassung mehrerer Module zu einem Abschluss trägt zum einen zur Systematik und Zielorientierung der Weiterbildung bei, da den Unternehmen die systematische Planung und Umsetzung längerer Bildungsphasen erleichtert wird. Zum anderen wird durch die Integration von Abschlüssen die Motivation für die Teilnahme an Weiterbildungsmaßnahmen gefördert.

Zur Gewährleistung der Kontinuität der Weiterbildung darf die Absolvierung eines Bildungsgangs nicht zur Beendigung der Weiterbildungstätigkeit führen, sondern es muss ein weiterer Bildungsgang durchlaufen werden können. Hierbei kann es zwei Möglichkeiten geben:

- Es wird ein weiterer Bildungsgang in der gleichen Qualifizierungsebene mit anderen, noch nicht abgedeckten Modulen absolviert.
- Es wird bei Erfüllung der Voraussetzungen ein Bildungsgang in der darüber liegenden Qualifizierungsebene durchlaufen.

---

[24] Vgl. Kap. 3.2.3.1 / Kap. 3.3.2.

[25] Unter einem „Bildungsgang" werden in dieser Arbeit die Schritte der Weiterbildung verstanden, die zur Erreichung eines Abschlusses zu absolvieren sind.

Die erste Möglichkeit impliziert, dass ein Beschäftigter sich solange im Rahmen einer Qualifizierungsebene weiterbilden kann, bis er die für die Wahrnehmung seiner derzeitigen und zukünftigen Aufgaben relevanten Module dieser Ebene abgedeckt hat. Anschließend muss ein Wechsel in die nächst höhere Ebene möglich sein. Die zweite Option setzt voraus, dass die in einer Qualifizierungsebene erzielten Abschlüsse zur theoretischen Vorbildung des Beschäftigten hinzugerechnet werden und er bei entsprechender praktischer Erfahrung in die nächste Ebene übergehen kann, in der er Module zu denselben Themen, jedoch mit einem höheren inhaltlichen Anspruchsgrad besuchen kann.

Bei der Festlegung der Abschlüsse sollte eine Konkurrenz zu bereits bestehenden Abschlüssen vermieden werden. Vielmehr sollte geprüft werden, inwieweit sich die innerhalb des Systems zu erreichenden und die systemunabhängigen Abschlüsse ergänzen können. So könnte beispielsweise ein Abschluss des Qualifizierungssystems zur Erreichung eines bestehenden externen Abschlusses beitragen.

Kompetenzübergreifende Weiterbildung

Die steigende Komplexität der touristischen Dienstleistung, die Innovations- und Professionalisierungsnotwendigkeit sowie die zunehmende Bedeutung des Interaktionsprozesses aus Sicht des Gastes stellen hohe Anforderungen an die Qualifikation des Unternehmers sowie der Mitarbeiter von Tourismusunternehmen. Neben tourismusspezifischen und betriebswirtschaftlichen Fachkenntnissen sind insbesondere die Persönlichkeitsmerkmale und Verhaltensweisen der Akteure von Bedeutung. Die Erfüllung der komplexen Gästebedürfnisse setzt das Vorhandensein vielfältiger Kompetenzen bei den Beschäftigten im Tourismus voraus.[26] Um diese zielorientiert auf die Aufgabe der Zufriedenstellung bzw. Begeisterung der Gäste hin zu qualifizieren, ist daher zu gewährleisten, dass ein touristisches Qualifizierungssystem auf die kompetenzübergreifende Weiterbildung der touristischen Akteure abzielt. Dazu bedarf es der Vermittlung von Kenntnissen und Fähigkeiten in unterschiedlichen Kompetenzfeldern.

Ein wichtiges Kompetenzfeld stellt die tourismusspezifische Fachkompetenz dar, die Fachkenntnisse wie Zielgruppen- oder Regionskenntnisse umfasst. Da die Beschäftigten in den verschiedenen Segmen-

---

[26] Vgl. Kap. 3.3.2.1 / Kap. 3.3.2.2.

ten der Tourismusbranche zur Ausübung ihrer Tätigkeiten in Teilen unterschiedliches touristisches Fachwissen benötigen, ist in diesem Kompetenzbereich eine nach Branchensegmenten differenzierte Vermittlung der Lerninhalte notwendig. Die Anforderungen an die Qualifikationen der Unternehmer und der Mitarbeiter mit kaufmännischen Aufgaben erfordern eine zusätzliche Qualifizierung dieser Beschäftigungsgruppen im Bereich der betriebswirtschaftlichen Fachkompetenz. Aufgrund der Bedeutung der personenspezifischen Fähigkeiten und Fertigkeiten für eine erfolgreiche Interaktion mit dem Gast bedarf es neben der Vermittlung von Fachkenntnissen in besonderem Maße einer Förderung der Methoden-, Sozial und Individualkompetenz der Leiter und Mitarbeiter touristischer Unternehmen.[27]

Um dem Anspruch einer kompetenzübergreifenden Ausrichtung der Weiterbildung gerecht zu werden, muss das Qualifizierungssystem die Weiterbildungsteilnehmer in die Pflicht nehmen, in einem Bildungsgang Module aus verschiedenen Kompetenzfeldern zu absolvieren. Auf diese Weise wird die Grundlage für die Ganzheitlichkeit der Weiterbildung im Rahmen des Systems geschaffen. Die Beschäftigten erwerben mit der Absolvierung eines Bildungsgangs erste Ansätze einer funktionsübergreifenden Handlungsfähigkeit zur Erfüllung der komplexen Bedürfnisse der Gäste. Abbildung 29 fasst die Struktur der Bildungsgänge innerhalb einer Qualifizierungsebene zusammen.

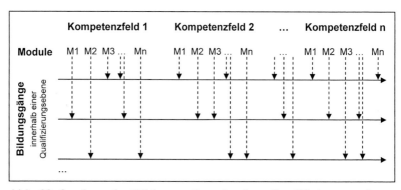

Abb. 29: Struktur der Bildungsgänge in einer Qualifizierungsebene

---

[27] Vgl. Kap. 3.3.2.2.

Erfolgskontrolle und Transfersicherung

Eine Weiterbildungsmaßnahme ist erst erfolgreich abgeschlossen, wenn das Gelernte in das Arbeitsfeld übertragen und dort umgesetzt wird. Der Transfer des Erlernten setzt voraus, dass die Vermittlung der Lehrinhalte im Lernfeld erfolgreich war. Die Erfolgskontrolle im Lernfeld und die Transfersicherung im Arbeitsfeld stellen wichtige Bestandteile eines Weiterbildungsprozesses dar und sind daher auch in ein touristisches Qualifizierungssystem zu integrieren, mit dem Ziel, den Lernerfolg zu kontrollieren bzw. die Anwendung des Erlernten in der betrieblichen Arbeit zu unterstützen. In kleinstrukturierten Destinationen ist die Einbindung einer Erfolgskontrolle und Transfersicherung in den Weiterbildungsprozess besonders wichtig, weil beide Aspekte vor dem Hintergrund der geringen Bereitschaft touristischer Kleinunternehmen zu Investitionen in Qualifizierungsmaßnahmen den Erfolg der Weiterbildung fördern und auf diese Weise einen Beitrag zur Steigerung des von den Betrieben vielfach nicht erkannten Nutzens der Qualifizierung leisten.[28]

Die Erfolgskontrolle ist gemäß ihrer Aufgabe – der Kontrolle des Lernerfolgs einer Weiterbildungsmaßnahme – im Anschluss an die Durchführung jedes einzelnen Moduls vorzunehmen. Die Transferkontrolle ist hingegen unter Gewährung eines für die Übertragung des Gelernten aus dem Lern- in das Arbeitsfeld und die dortige Anwendung ausreichenden Zeitraums nach Beendigung eines Bildungsgangs durchzuführen. Eine solche Transferkontrolle würde sich beispielsweise mit Hilfe einer schriftlichen Arbeit über die Umsetzung und Nutzung des Erlernten im eigenen Unternehmen realisieren lassen. Die Erreichung eines Abschlusses im Qualifizierungssystem setzt somit voraus, dass zunächst verschiedene Kurseinheiten in unterschiedlichen Kompetenzfeldern absolviert werden und anschließend eine Leistung zur Sicherstellung des Transfers erbracht wird. Der Erfolg eines Qualifizierungssystems in einer Destination kann ergänzend über Mystery Checks und Gästebefragungen kontrolliert werden. Abbildung 30 fasst die abgeleiteten Anforderungen sowie die Empfehlungen für die Gestaltung des Qualifizierungssystems in einem Aufbaumodell zusammen.[29]

---

[28] Vgl. Kap. 4.3.

[29] Die Werte für die Vorbildung sind frei gewählt und stellen lediglich Beispiele dar. Zur Wahrung der Übersichtlichkeit wird auf die Darstellung der Möglichkeit zur mehrmaligen Absolvierung eines Bildungsgangs innerhalb einer Qualifizierungsebene verzichtet (vgl. hierzu Abb. 29).

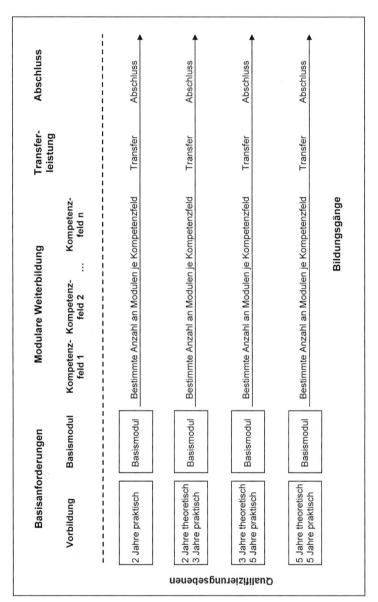

Abb. 30: Aufbaumodell des Qualifizierungssystems

Bedarfsorientierte Weiterbildung

Eine wichtige Voraussetzung für die Erzielung eines hohen Nutzens aus der Teilnahme an Weiterbildungsmaßnahmen ist die Orientierung der Weiterbildungsinhalte am Bildungsbedarf ihrer Empfänger, der Unternehmer und der Mitarbeiter (vgl. Kap. 3.2.2.3). Eine weitere Komponente hinsichtlich der Bestimmung des Weiterbildungsbedarfs der touristischen Akteure einer Destination sind die Gäste und deren Bedürfnisse. Dieser zusätzliche Abgleich ist notwendig, da betriebliche Bedarfe und marktseitige Erfordernisse nicht zwingend übereinstimmen müssen.

„Innovative Weiterbildungssysteme [im Tourismus] zeichnen sich vor allem dadurch aus, dass sie ihre Lehrinhalte nicht an traditionellen Mustern auslegen, sondern die Bedürfnisse der Arbeitnehmer, der Unternehmer und des nachfragenden Marktes erkennen, diese aufnehmen und vermitteln." (Kronenberg/Reiger 2005, 521)

Der Bedarfsorientierung der Weiterbildung kommt in kleinstrukturierten Destinationen eine zusätzliche Bedeutung zu. Die geringe Bereitschaft touristischer Kleinunternehmer zu Investitionen in das Personal sowie die oftmals fehlende Einsicht in den Nutzen von Qualifizierungsmaßnahmen (vgl. Kap. 4.3) verlangen eine hohe Effizienz der Weiterbildung, die sich mit einer Angleichung der Weiterbildungsinhalte an die Bedarfe ihrer Nachfrager steigern lässt.

Um in einem touristischen Qualifizierungssystem eine bedarfsgerechte Weiterbildung zu ermöglichen, müssen die Inhalte der Weiterbildung in Abstimmung mit den aktuellen und künftigen Anforderungen an die Qualifikationen der touristischen Akteure festgelegt werden, die aus Sicht der Unternehmen bzw. des Marktes von den Beschäftigten zu erfüllen sind, um ein den Gästeerwartungen entsprechendes Handeln zu ermöglichen. Zur Ermittlung der Ansprüche an die Weiterbildung sind regelmäßige Anforderungsanalysen in den Unternehmen sowie Marktanalysen zu Qualifikationsanforderungen im Tourismus durchzuführen. Auf Basis der Ergebnisse sind für jede Qualifizierungsebene nach Aufgabenbereichen und Branchensegmenten differenzierte Anforderungsprofile für die Qualifikationen der Beschäftigten zu definieren, die als Grundlage für die Auswahl der Weiterbildungsinhalte in einer Ebene dienen. Die Profile geben vor, welche Module die Weiterbildungsnachfrager in Abhängigkeit von ihren Aufgaben und ihrer Branchenzugehörigkeit sowie unter Berücksichtigung vorhandener Kenntnisse und Fähigkeiten in einer Qualifizierungsebene zu absolvieren haben und stellen auf diese Weise sicher, dass sich die Weiterbildung an den tatsächlichen Bildungsbedarfen orientiert. Ein modularer Systemaufbau unterstützt die erforderliche schnelle Reaktionsmöglichkeit eines touristischen Qualifizierungssystems auf Veränderungen in den Qualifikationsanforderungen dahingehend, dass einzelne Module je nach Bedarf durch andere ersetzt bzw. Module ergänzt werden können.

Qualitätssicherung

Die Theorie sieht mit der Träger- bzw. Einrichtungsqualität, der Durchführungsqualität, der Ergebnisqualität sowie der Übertragungsqualität vier Qualitätsaspekte vor, die es in der betrieblichen Weiterbildung zu sichern gilt (vgl. Kap. 3.2.2.3) und die demnach auch in einem touristischen Qualifizierungssystem zu berücksichtigen sind. So besteht zunächst die Notwendigkeit, die Einrichtungsqualität der Weiterbildungsträger, die im Rahmen des Qualifizierungssystems Weiterbildungsseminare anbieten, mit Hilfe eines adäquaten Qualitätszertifikats sicherzustellen. Da eine allgemeine Qualitätsauszeichnung des Weiterbildungsträgers keine ausreichenden Rückschlüsse auf die Qualität der von ihm angebotenen Maßnahmen zulässt, müssen ergänzend Qualitätssicherungsmaßnahmen für die einzelnen Weiterbildungsmodule gefunden werden. Zur Kontrolle der Durchführungsqualität der Bildungsmaßnahmen ist es erforderlich, Standards für die eingesetzten Ressourcen wie das Weiterbildungspersonal, die Lehrmethoden oder die Medien zu definieren, die von den jeweiligen Trägern zu erfüllen und einer regelmäßigen Evaluation zu unterziehen sind. Neben dem Qualitätszertifikat des Anbieters erhöhen sie die Glaubwürdigkeit und die Transparenz der Weiterbildungsangebote aus Sicht der Nachfrager. Zur Optimierung der Ergebnis- und Übertragungsqualität gilt es, Maßnahmen zur Erfolgskontrolle wie z. B. Lernfortschrittskontrollen sowie zur Transfersicherung in das Qualifizierungssystem einzubinden.[30]

---

[30] Vgl. hierzu auch die Anforderung „Erfolgskontrolle und Transfersicherung".

5.2.3 Systemunterstützende Anforderungen

Nach der Betrachtung der teilsystemspezifischen Anforderungen werden im Folgenden Anforderungen dargestellt, die das Qualitäts- und das Qualifizierungssystem in gleicher Weise betreffen und sich auf die Unterstützung dieser bei der Wahrnehmung ihrer Funktionen beziehen.

Integration eines Innen-Marketings / Integration von Anreizen

Die touristische Dienstleistung setzt sich aus verschiedenen komplementären Teilleistungen zusammen, die von einer Vielzahl unabhängiger Leistungsträger erbracht werden (vgl. Kap. 2.2.2.2). Da die Tourismusorganisation als zentrale Verwaltungseinheit einer Destination gegenüber den an der Leistungserstellung beteiligten Unternehmen keine Weisungsbefugnis hat, kann sie diese nicht zu einem qualitätsorientierten Handeln sowie zu einer Teilnahme an Weiterbildungsveranstaltungen verpflichten. Ein touristisches Qualitäts- und Qualifizierungssystem kann daher nur auf der freiwilligen Teilnahme der jeweiligen Adressaten beruhen. Die fehlende Weisungsbefugnis der Tourismusorganisation hat zur Folge, dass der Erfolg eines Qualitätsmanagements in einer Destination insbesondere davon abhängt, inwieweit es gelingt, das Qualitätsbewusstsein bei den tourismusrelevanten Unternehmen zu stärken und diese zu freiwilligen Qualitätsverbesserungen zu animieren. Der Erfolg einer Qualifizierungsstrategie ist aufgrund der Freiwilligkeit der Weiterbildungsteilnahme neben der intrinsischen insbesondere auch von der extrinsischen Motivation der im Tourismus tätigen Akteure zur Teilnahme an Weiterbildungsveranstaltungen sowie zum Transfer der Lerninhalte in das Arbeitsfeld abhängig (vgl. Kap. 3.2.2.2). Neben der Motivation der Adressaten des Qualifizierungssystems beeinflusst auch das Bewusstsein der touristischen Unternehmer für die Notwendigkeit von Weiterbildung sowie entsprechend deren Bereitschaft zur Freistellung der Mitarbeiter für den Besuch von Weiterbildungsmaßnahmen den Erfolg eines solchen Systems.

Die Freiwilligkeit der Teilnahme am Qualitäts- bzw. Qualifizierungssystem erfordert somit zunächst eine kontinuierliche Förderung des Bewusstseins der touristischen Akteure für die Bedeutung von Maßnahmen zur Qualitätsverbesserung und zur Weiterbildung. Die Bewusstseinsförderung erfolgt im Rahmen des Binnen- bzw. Innen-Marketings einer Destination:

„Unter Binnen-Marketing (auch Innen-Marketing [...]) werden alle ‚nach innen' gerichteten Aktivitäten im touristischen Makrobereich, v. a. in Tourismusdestinationen, verstanden. Sie betreffen sowohl touristische Betriebe und deren Mitarbeiter, als auch weitere, nicht primär touristische Institutionen und Personen." (Freyer 2007, 709)

Zu den Aufgaben des Innen-Marketings im Tourismus gehört die Schaffung einer destinationsweiten Qualitätsorientierung durch Förderung des Qualitätsbewusstseins der touristischen Akteure sowie durch Vermittlung von Qualitätswerten. Ferner obliegt es dem Innen-Marketing, die im Tourismus Beschäftigten zur Weiterbildung zu motivieren.[31]

Zur Überzeugung und Motivation der Unternehmen bzw. der Beschäftigten sind von der zentralen Koordinierungsstelle des Gesamtsystems[32] Aufgaben im Rahmen des Innen-Marketings wahrzunehmen. Das Ziel der Bemühungen muss es dabei sein, die Themen Qualität und Weiterbildung durch eine breite Informationsstreuung und permanente Motivation in der Branche aktuell zu halten, um die touristischen Akteure für die Thematik zu sensibilisieren und eine „Qualitäts- und Qualifizierungsbegeisterung" zu verbreiten. Die Aufklärung der Betroffenen über die Notwendigkeit und die Bedeutung des ganzheitlichen Qualitäts- und Qualifizierungssystems sowie die Transparenz und Nachvollziehbarkeit der Systeminhalte sind entscheidende Voraussetzungen für die Überzeugung der Unternehmen. In Destinationen mit einem hohen Anteil an kleinen und mittleren Unternehmen ist es wichtig, die Sensibilisierungsmaßnahmen primär auf die Unternehmer auszurichten, da sie über die Qualitätsorientierung des Unternehmens und die Weiterbildungsteilnahme der Mitarbeiter entscheiden, ihnen jedoch oftmals das notwendige Bewusstsein für die Wirkungszusammenhänge und den Nutzen fehlt (vgl. Kap. 4.3). Mögliche Aufklärungs- und Sensibilisierungsmaßnahmen sind Informationsveranstaltungen oder Erfahrungsaustausche zwischen teilnehmenden und interessierten Unternehmen bzw. Beschäftigten.

Den lokalen und regionalen Tourismusorganisationen kommt im Zusammenhang mit der Verbreitung der „Qualitäts- und Qualifizierungsbegeisterung" eine wichtige Vorbild- und Multiplikatorfunktion zu. Eine positive Bewertung des Qualitäts- und Qualifizierungssystems sowie eine

---

[31] Vgl. Freyer 2007, 709ff.

[32] Wie in Kapitel 5.2.4 noch zu zeigen ist, besteht die Notwendigkeit, eine zentrale Koordinierungsstelle für das Gesamtsystem einzurichten.

Teilnahme der Tourismusorganisationen an Qualitätsverbesserungsmaß-
nahmen bzw. an Weiterbildungsveranstaltungen können die Leistungsträger ebenfalls zu diesem Schritt bewegen.[33] Ein wichtiges Ziel der Bemühungen des Innen-Marketings muss es daher sein, die Tourismusorganisationen von der Notwendigkeit einer Teilnahme am System zu
überzeugen und sie als Multiplikatoren für die Sensibilisierung der Leistungsträger zu gewinnen.

Neben einer kontinuierlichen Bewusstseinsförderung im Rahmen des
Innen-Marketings erfordert die Freiwilligkeit der Systemteilnahme die
Integration von Anreizen in das Qualitäts- und Qualifizierungssystem,
die die Unternehmen bzw. die Beschäftigten in ihrer Entscheidung über
eine Teilnahme positiv beeinflussen können.

Qualitätssystem

Damit die teilnehmenden Unternehmen ihre Qualitätsorientierung gegenüber der Konkurrenz, den Mitarbeitern und insbesondere den Gästen signalisieren können, ist es erforderlich, sie nach Absolvierung einer
Stufe mit einem Qualitätszeichen auszuzeichnen.[34] Je nach Qualitätsanspruch der Stufe und Grad der Implementierung eines umfassenden
Qualitätsmanagements ist das Zeichen gemäß der Typologisierung von
Qualitätszeichen nach Freyer/Dreyer (2004, 74) in Form eines Siegels
oder einer Zertifizierung zu verleihen. Um die Wirkung des Anreizes zu
erhöhen und gleichzeitig die Wirtschaftlichkeit des Qualitätszeicheneinsatzes zu fördern, bedarf es der Schaffung von Vermarktungsmöglichkei-
ten für die teilnehmenden Unternehmen. Hierzu können beispielsweise
die öffentliche Auszeichnung der Unternehmen oder die explizite Aus-
weisung zertifizierter Betriebe in Gastgeberverzeichnissen gehören. Auch
die Ausschreibung eines Qualitätspreises unter den ausgezeichneten Unternehmen kann die Wahrnehmung in der Öffentlichkeit erhöhen und
zudem weitere Qualitätsverbesserungen anregen.

Neben der Entwicklung von Anreizen, die direkt auf die Teilnahmemotivation der Adressaten des Qualitätssystems abzielen, empfiehlt sich
die Integration ergänzender, indirekter Anreize, die zur Überwindung
möglicher Hemmschwellen bei den Unternehmen hinsichtlich der Teilnahme am Qualitätssystem beitragen können. Ein derartiger Anreiz

---

[33] Vgl. auch Bieger 2005, 268.
[34] Vgl. hierzu und zu den weiteren Ausführungen dieses Absatzes Kap. 2.2.2.3.

könnte die Verknüpfung des betrieblichen Qualitätssiegels mit dem Weiterbildungsabschluss eines oder mehrerer Mitarbeiter des Unternehmens sein. Bei einer Qualifizierung der Mitarbeiter im Vorfeld einer Zertifizierung ist mehr Wissen im Unternehmen vorhanden, so dass mögliche Unsicherheiten bezüglich einer erfolgreichen Zertifizierung abgebaut werden können. Um den inhaltlichen Zusammenhang herzustellen, müsste es sich hierbei um einen qualitätsbezogenen Abschluss beispielsweise zum Qualitätsbeauftragten handeln. Gleichzeitig können Unternehmen mit der ursprünglichen Absicht zur Weiterbildung der Mitarbeiter einfacher für die Teilnahme am Qualitätssystem gewonnen werden. Die Einbindung einer Beratungs- und Betreuungsleistung für die teilnehmenden Betriebe kann ebenfalls Hemmschwellen reduzieren.

Qualifizierungssystem

Im Qualifizierungssystem stellen die zu erzielenden Abschlüsse einen Anreiz für die Teilnahme an Weiterbildungsveranstaltungen dar (vgl. Kap. 5.2.2.2). Die Teilnehmer erlangen mit einem Abschluss eine höhere Qualifikation und können auf diese Weise ihre berufliche Stellung verbessern bzw. sichern. Weitere Anreize für eine Weiterbildungsteilnahme können z. B. über die Auszeichnung und Prämierung sehr weiterbildungsorientierter Beschäftigter und Unternehmen oder über die Verlosung von Bildungsgutscheinen generiert werden.

Ferner empfiehlt es sich, Anreize zu entwickeln, die nicht nur die Motivation der Adressaten des Qualifizierungssystems zu einer Teilnahme an Weiterbildungsmaßnahmen fördern, sondern auch den Prozess der Weiterbildung in einer Destination insgesamt unterstützen. Ein Beispiel hierfür wäre die Verbindung der Teilnahme am Qualifizierungssystem mit Erfahrungs- und Wissensaustauschen unter den Akteuren. Die Organisation von Erfahrungsaustauschen für die Beschäftigten bzw. Unternehmen, die im Rahmen des Qualifizierungssystems Weiterbildungsveranstaltungen besuchen, kann einen Anreiz für eine Weiterbildungsteilnahme darstellen. Gleichzeitig würde der Weiterbildungsprozess in der Destination insgesamt unterstützt werden, da die Teilnehmer zum Austausch von Wissen und Erfahrungen angeregt werden. Eine solche Maßnahme würde insbesondere die Weiterbildungsaktivität in kleinstrukturierten Destinationen unterstützen, da Erfahrungsaustausche dem Problem entgegenwirken würden, dass touristische Kleinunternehmen aufgrund der geringen Mitarbeiterzahl oftmals nicht in der Lage sind, das vorhandene bzw. erworbene Wissen weiterzuentwickeln und für die unternehmerische Arbeit nutzbar zu machen (vgl. Kap. 4.3).

Qualitäts- und Qualifizierungssystem
Vor dem Hintergrund der knappen finanziellen Ressourcen und des eingeschränkten Zugangs zahlreicher touristischer Kleinunternehmen zu Risikokapital sowie der damit verbundenen geringen Bereitschaft zu Investitionen in das Personal (vgl. Kap. 4.3) ist eine Destination im Zuge der Entwicklung von Anreizen für die Teilnahme an einem ganzheitlichen Qualitäts- und Qualifizierungssystem dazu angehalten, die Möglichkeit einer Koppelung der Qualitätsauszeichnung und der Weiterbildungsabschlüsse an die Kreditwürdigkeit sowie die Förderwürdigkeit der Unternehmen zu prüfen. Die Qualitätsorientierung eines Betriebs sowie die verbesserte Qualifikation des Unternehmers im betriebswirtschaftlichen Bereich bilden die Grundlage für eine professionellere Gesamtausrichtung des Unternehmens. Durch eine Berücksichtigung der Qualitäts- und Weiterbildungsaktivitäten in den Ratings bei Banken und den Richtlinien einzelbetrieblicher Förderprogramme und Investitionshilfen würden nicht nur Anreize für die Teilnahme am Qualitäts- bzw. Qualifizierungssystem geschaffen, sondern auch der mit der Teilnahme eingeleitete Professionalisierungsprozess in den Unternehmen unterstützt werden.

Integration eines Qualitätszeichens in der Außendarstellung
Damit ein Qualitäts- und Qualifizierungssystem einen Beitrag zur Profilierung einer Destination als qualitätsorientierte Urlaubsregion und darüber hinaus zur Stärkung ihrer Wettbewerbsfähigkeit leisten kann, ist eine aktive Kommunikation der Aktivitäten zur Qualitätsverbesserung und -sicherung notwendig. Nur auf diese Weise können die Bestrebungen der Destination auf den Zielmärkten wahrgenommen und die Gäste positiv in ihrer Reiseentscheidung beeinflusst werden. Die Kommunikation und die Profilbildung im Bereich der Qualität sind mit Hilfe eines Qualitätszeichens umzusetzen, das – zur Wahrung der Transparenz beim Gast – notwendigerweise das an die Unternehmen zu verleihende Qualitätssiegel darstellt. Damit ein Qualitätszeichen Einfluss auf die Reiseentscheidung der Gäste einer Destination nehmen kann, muss es bestimmten Anforderungen gerecht werden:[35]

---

[35] Vgl. auch Kap. 2.2.2.3 / Bruhn/Hadwich 2004, 15ff.

Bekanntheit

Eine grundlegende Voraussetzung für die Beeinflussung der Gäste ist die Bekanntheit des Zeichens auf den Zielmärkten. Diese gilt es im Rahmen der Kommunikationspolitik der Verantwortungsträger auf allen Destinationsebenen, der Koordinierungsstelle des Gesamtsystems sowie der ausgezeichneten Unternehmen kontinuierlich zu steigern. Zur Förderung der Bekanntheit des Qualitätszeichens ist zudem sein Einsatz im Rahmen der Destinationsmarketingstrategie sowie seine Nutzung im Zuge der überregionalen Profilierung der Destination als Urlaubsregion mit einem hohen Qualitätsanspruch erforderlich (vgl. Kap. 4.2). Eine intensive Vermarktung des Zeichens ist auch wichtig, um die Wirtschaftlichkeit des Qualitätszeicheneinsatzes für die ausgezeichneten Unternehmen zu fördern und damit den Anreiz einer Zertifizierung zu erhöhen.

Glaubwürdigkeit

Ein Qualitätszeichen muss darüber hinaus glaubwürdig sein, um das hohe Kaufrisiko für den Gast beim Erwerb des touristischen Dienstleistungsversprechens zu reduzieren. Neben einer Kontrolle und Vergabe des Zeichens durch eine unabhängige Institution (vgl. Kap. 4.2) tragen u. a. auch eine neutrale Kommunikation des Qualitätszeichens sowie eine regelmäßige Anpassung der an das Zeichen gebundenen Qualitätsversprechen an die Markterfordernisse zur Erhöhung der Glaubwürdigkeit bei. Eine weitere Voraussetzung für die Glaubwürdigkeit ist zudem die Verständlichkeit der mit dem Zeichen verbundenen Qualitätsversprechen für den Gast.

Verständlichkeit

Für den Gast müssen die Qualitätsversprechen, die mit dem Qualitätszeichen dokumentiert werden, transparent und verständlich sein, da er nur in diesem Fall die Unterschiede in der Qualität einzelner Leistungen erkennen und diese Aspekte in seine Entscheidungsfindung einbeziehen kann. Hierzu sind die an den Erwerb des Qualitätszeichens gebundenen Qualitätsversprechen offen zu legen und im Rahmen der Bekanntmachung des Zeichens gegenüber dem Gast zu kommunizieren.

Vergleichbarkeit

Eine weitere Anforderung der Gäste an ein Qualitätszeichen ist die Vergleichbarkeit des Zeichens über verschiedene Anbieter, um die Leistungen herausfiltern zu können, die ihren Erwartungen am ehesten entgegenkommen. Das im Rahmen eines Qualitätssystems in einer Destination zu verleihende Qualitätszeichen muss daher für alle Adressaten des Systems einheitlich sein. Der Gast stellt im Rahmen seiner Reiseentscheidung jedoch nicht nur Vergleiche zwischen den Anbietern einer Destination, sondern auch zwischen Leistungsträgern unterschiedlicher Urlaubsregionen an. Aus diesem Grund ist es von besonderer Wichtigkeit, bei der Entscheidung für ein Qualitätszeichen auch seine Vergleichbarkeit mit Zeichen in anderen Destinationen zu berücksichtigen, die gleiche Qualitätsversprechen kommunizieren. Die Möglichkeit des Vergleichs mit anderen Urlaubsregionen muss auch im Interesse der touristischen Akteure einer Destination liegen, da die Wettbewerbssituation eine verstärkte Orientierung an den wichtigsten Konkurrenzdestinationen verlangt. Über einen Vergleich mit den direkten Konkurrenten (Benchmarking) können die Quellen der eigenen „Nicht-Qualität" aufgespürt und Verbesserungspotenziale für das Qualitätsmanagement erkannt werden.[36]

Kongruenz von Informationsbedürfnis und Qualitätssignal
Neben der Vergleichbarkeit stellt die Übereinstimmung des Inhaltes des Qualitätszeichens mit dem Informationsbedürfnis des Gastes eine weitere Anforderung an Qualitätszeichen dar. Um der Ganzheitlichkeit der nachfrageseitigen Qualitätswahrnehmung gerecht zu werden, ist sicherzustellen, dass das Qualitätszeichen zum einen einheitlich für alle Adressaten des Qualitätssystems ist, zum anderen Aussagen zu deren Hardware-, Software- und Umweltqualität trifft. Gleichwohl ist es wichtig, dass sich die Kommunikation des Zeichens wie auch die für eine Auszeichnung zu verbessernden Prozesse schwerpunktmäßig auf die Software- bzw. Servicequalität konzentrieren (vgl. Kap. 5.2.1.1), da ihr in Bezug auf die Schaffung von Qualitätsvorteilen für den Gast und die Differenzierung von Konkurrenzdestinationen die größte Bedeutung beizumessen ist. Ferner muss das Zeichen über seine Gestaltung die unterschiedlichen im Rahmen des Qualitätssystems zu erreichenden Leistungsniveaus ausdrücken.

---

[36] In Anlehnung an Müller 2004a, 218ff.

Integration bestehender Qualitäts- und Qualifizierungsaktivitäten

Im Zuge der Implementierung eines ganzheitlichen Qualitäts- und Qualifizierungssystems in einer Destination sind die Verantwortungsträger aus verschiedenen Gründen dazu angehalten, die Integration bestehender Qualitäts- und Qualifizierungsaktivitäten in das System zu prüfen. Ein erster Grund ist die Möglichkeit der Nutzung vorhandener Ressourcen sowie der Bündelung der in einer Destination für die Aufgaben der Qualitätssicherung und Weiterbildung zur Verfügung stehenden personellen und finanziellen Mittel. Auf diese Weise wird ein größerer Handlungsspielraum bei der Umsetzung der Qualitäts- und Qualifizierungsaktivitäten im Rahmen des ganzheitlichen Systems geschaffen, Doppel- und Mehrfacharbeiten werden vermieden. Darüber hinaus können einzelne Maßnahmen, die z. B. aufgrund einer geringen Verbreitung in der Destination wenig Wirkung haben, durch die Einbindung in das ganzheitliche, destinationsweit zu integrierende System effizienter eingesetzt werden. Die Prüfung der Integrationsmöglichkeiten bestehender Aktivitäten ist ebenso erforderlich, da die Zusammenfassung der qualitäts- und weiterbildungsbezogenen Maßnahmen in einer Destination unter dem Dach eines ganzheitlichen Systems zu mehr Transparenz sowohl bei den Leistungsträgern als auch bei den Gästen führen kann.

In Bezug auf die Qualitätsaktivitäten ist eine Prüfung ihrer Integration insbesondere notwendig, da das Vorhandensein vieler verschiedener Qualitätsbemühungen mit der Gefahr verbunden ist, dass keines der Qualitätszeichen in einem für die Beeinflussung der Reiseentscheidung erforderlichen Ausmaße von den Gästen wahrgenommen wird (vgl. Kap. 4.2). Mit der Einbindung bestehender Aktivitäten und der Subsummierung der Qualitätszeichen unter dem Zeichen des Qualitätssystems könnte ihre Anzahl in der Außendarstellung reduziert und die Voraussetzungen für die Wahrnehmbarkeit der Qualitätsbestrebungen einer Destination verbessert werden. Die Prüfung der Integration einzelner Qualitätsaktivitäten ist unter dem Gesichtspunkt ihres Beitrags zur Umsetzung der Grundsätze des Total Quality Managements vorzunehmen, da deren schrittweise Implementierung das Ziel der durch das Qualitätssystem in den Unternehmen zu initiierenden Verbesserungsprozesse bildet (vgl. Kap. 5.2.1.2). Werden in einer Destination z. B. Gästebefragungen, Mystery Checks oder Benchmarkings durchgeführt, sollte ihre Einbindung in das Qualitätssystem geprüft werden, da sie Instrumente zur Umsetzung eines umfassenden Qualitätsmanagements darstellen.

Im Hinblick auf das Qualifizierungssystem spricht primär das Argument der Nutzung vorhandener Ressourcen für eine Integration bestehender Aktivitäten. Die Kompetenz für die Durchführung der Weiterbildungsmaßnahmen liegt bei den Trägern der touristischen Weiterbildung, so dass es vor dem Hintergrund der Know-how-Verteilung in der Destination als sinnvoll anzusehen ist, gegenwärtig bestehende Weiterbildungstätigkeiten in das Qualifizierungssystem zu integrieren. Die Konzentration der Qualifizierungsaktivitäten fördert darüber hinaus ihre Transparenz bei den Nachfragern der Weiterbildung.

Integration von Marktforschungsdaten

Informationen über die Erwartungen und Bedürfnisse der Gäste sowie über angebotsseitige Marktentwicklungen stellen neben der Qualifikation der Leiter sowie der Mitarbeiter eines touristischen Unternehmens eine wesentliche Voraussetzung für eine qualitäts-, zielgruppen- und innovationsorientierte Unternehmensausrichtung und damit für ein Erfolg versprechendes unternehmerisches Handeln dar (vgl. Kap. 3.3.2.2). Ein Qualitätssystem in einer Destination ist entsprechend dann besonders wirkungsvoll, wenn den Adressaten ausreichend angebots- und nachfrageseitige Marktinformationen zur Verfügung stehen und deren anwendergerechte Nutzung möglich ist. Gleichzeitig können die im Rahmen des Qualifizierungssystems erworbenen Kenntnisse und Fähigkeiten beispielsweise zur Entwicklung neuer Produkte zweckmäßiger angewendet werden, wenn die dazu erforderlichen Informationen den Beschäftigten zugänglich sind. Der Zugang der Unternehmen zu Marktinformationen sowie die Möglichkeit und Fähigkeit zu deren Nutzung sind wichtige Voraussetzungen für das wirkungsvolle Betreiben eines Qualitäts- und Qualifizierungssystems.

Insbesondere für touristische Kleinunternehmen ist die Erhebung von Informationen über die eigenen Gäste jedoch mit Schwierigkeiten verbunden, die u. a. in der Distanz zu den Zielmärkten und den oftmals fehlenden Ressourcen für den Einsatz von Instrumenten zur Marktanalyse und -bearbeitung begründet sind (vgl. Kap. 4.3). Da die Unternehmen in kleinstrukturierten Destinationen mehrheitlich nicht in der Lage sind, ausreichend Marktinformationen zu erheben, ist es erforderlich, ihnen verstärkt zentral erhobene Marktforschungsdaten zugänglich zu machen. Eine Aufgabe der zentralen Koordinierungsstelle des Gesamtsystems besteht daher in der Sicherstellung der Zugänglichkeit von

Marktforschungsdaten für die tourismusrelevanten Unternehmen. Die lokalen Tourismusorganisationen als direkte Ansprechpartner für die Leistungsträger sind ein primärer Verantwortungsträger, der in die Aufgabe der Streuung der Marktinformationen einzubinden ist. Neben ihrer Zugänglichkeit ist sicherzustellen, dass die Daten so aufbereitet sind, dass sie für die betriebliche Arbeit genutzt werden können. Da die Leistungsträger nicht immer über ausreichend fachliche und methodische Fähigkeiten zur Interpretation der Marktforschungsdaten sowie zu ihrer Nutzung für den eigenen Betrieb verfügen (vgl. Kap. 4.3), ist es wichtig, den Unternehmen gleichzeitig Praxishilfen zur Gewinnung, Analyse und Anwendung von Nachfrageinformationen zur Verfügung zu stellen.

Parallel zur externen Unterstützung der Leistungsträger besteht die Notwendigkeit, die Fähigkeiten der Leiter und Mitarbeiter touristischer Unternehmen zur Selbstorganisation der Marktforschung zu fördern. Hierzu sind im Rahmen des Qualifizierungssystems Weiterbildungsmaßnahmen anzubieten, die über die Bedeutung von Marktinformationen für ein erfolgreiches unternehmerisches Handeln aufklären und die methodischen Fähigkeiten der Teilnehmer zur Erhebung, Interpretation und Umsetzung solcher Informationen schulen. Darüber hinaus ist eine Förderung der Kooperationsbereitschaft der touristischen Unternehmen in Bezug auf die Erhebung von Marktforschungsdaten notwendig, um dem Problem der mangelnden personellen, materiellen und finanziellen Ressourcen einzelner Betriebe entgegenzuwirken. Durch die im Rahmen des Qualitätssystems zu erhebenden Informationen über die eigenen Gäste und ihre Bedürfnisse kann zudem das Bewusstsein bei den tourismusrelevanten Unternehmen für die Notwendigkeit der Nutzung von Marktforschungsdaten im Rahmen der betrieblichen Arbeit gefördert werden.

Integration einer brancheninternen Informationsplattform
Aus den systemunterstützenden Anforderungen wird ersichtlich, dass im Zuge der Implementierung eines ganzheitlichen Qualitäts- und Qualifizierungssystems in einer Destination neben der Kommunikation der Aktivitäten zur Qualitätsverbesserung und -sicherung gegenüber den Gästen auch eine kontinuierliche und breit gestreute Information der Adressaten des Systems notwendig ist, um das Qualitäts- und Qualifizierungssystem bei der Wahrnehmung der jeweiligen Funktion zu unterstützen. Dabei bezieht sich der Informationsbedarf der touristischen Akteure auf zwei Informationsarten:

- Zum einen sind die Adressaten mit systembezogenen Informationen zu versorgen, d. h. mit detaillierten Informationen rund um die Qualitätsauszeichnung und die Möglichkeiten im Bereich der Weiterbildung. Das Ziel dieser Information ist es, das Bewusstsein der Unternehmen und der Beschäftigten für eine Teilnahme zu fördern. Darüber hinaus werden die Transparenz und die Nachvollziehbarkeit der Inhalte der Teilsysteme und damit die Glaubwürdigkeit des ganzheitlichen Systems bei den umsetzenden Organisationen positiv beeinflusst.

- Zum anderen benötigen die Adressaten des Gesamtsystems Informationen, die sie im Rahmen ihrer betrieblichen Arbeit unterstützen und so zu einem erfolgreichen Agieren am Markt beitragen können. Hierzu gehören u. a. für die Betriebsebene aufbereitete Marktforschungsdaten, leistungsträgerrelevante Informationen über touristische Angebote und destinationsweite Neuerungen oder regionale Tourismus- und Marketingkonzepte als strategischer Orientierungsrahmen für die unternehmerische Tätigkeit.

Damit der Informationsfluss in dem erforderlichen Ausmaße realisiert werden kann, bedarf es in Verbindung mit der Implementierung eines Qualitäts- und Qualifizierungssystems der Einrichtung einer zentralen, internetgestützten Informationsplattform zum Thema Qualität und Weiterbildung. Diese muss eine einheitliche und aktuelle Information der touristischen Akteure erlauben und als Anlaufstelle bei betrieblichen Problemstellungen dienen.

5.2.4 Übergeordnete Systemorganisation
Im Folgenden werden die Anforderungen an die übergeordnete Systemorganisation eines ganzheitlichen Qualitäts- und Qualifizierungssystems betrachtet.

Integration der Verantwortungsträger
Vor dem Hintergrund, dass die Kooperation der Verantwortungsträger in einer Destination wesentlich zur Verbesserung der Qualität ihres touristischen Angebots beitragen kann (vgl. Kap. 4.2), ist die Integration der touristischen sowie der weiterbildungsspezifischen Entscheidungsträger

in die Verantwortung für ein ganzheitliches Qualitäts- und Qualifizierungssystem ein wichtiger Erfolgsfaktor, um die Wirksamkeit des Gesamtsystems zu erhöhen. Die Einbindung kann beispielsweise über eine gemeinsame Systemträgerschaft erfolgen.

Durch eine Kooperation der Verantwortungsträger zum Zweck der Qualitätsverbesserung und -sicherung kann die Grundlage für eine einheitliche Ausrichtung sämtlicher qualitäts- und weiterbildungsbezogener Aktivitäten in der Destination sowie für eine gemeinsame Orientierung möglichst vieler Verantwortlicher am übergeordneten Ziel der Qualitätsverbesserung geschaffen werden. Ein einheitliches Auftreten der verantwortlichen Akteure erleichtert die Wahrnehmung der Destination als Urlaubsregion mit einem hohen Anspruch an die Qualität ihres Angebots. Neben den Vorteilen in der Außenwirkung fördert die Integration der relevanten Entscheidungsträger und deren Interessen auch die Akzeptanz des Systems innerhalb der Branche. Zudem besteht die Möglichkeit, zusätzliche Multiplikatoren für die Überzeugung der Unternehmen und der Beschäftigten von einer Systemteilnahme zu gewinnen.

Mit der Beteiligung der Verantwortungsträger am Qualitäts- und Qualifizierungssystem lassen sich weitere Bündelungseffekte in Bezug auf die zur Betreibung und Weiterentwicklung des Gesamtsystems notwendige Fachkompetenz der Verantwortlichen erzielen. So sollte z. B. die Durchführung der Weiterbildungsmaßnahmen von den Trägern der touristischen Weiterbildung übernommen werden, da sie über das notwendige pädagogische Fachwissen und die erforderliche Infrastruktur verfügen. Ferner können durch die Einbindung der Entscheidungsträger aus den Bereichen Tourismus und Weiterbildung finanzielle Bündelungseffekte generiert werden. Mit der Bündelung der den Akteuren für die Aufgabenbereiche Qualität und Qualifizierung zur Verfügung stehenden monetären Mittel auf das ganzheitliche System stehen insgesamt mehr Gelder für ein wirkungsvolles Betreiben des Gesamtsystems sowie für die Entwicklung eines überregional wahrnehmbaren Qualitätszeichens zur Verfügung. Die Kompetenz- und Kräftebündelung verschafft dem System zusätzliche Glaubwürdigkeit innerhalb und außerhalb der Branche.

Die Voraussetzungen für ein erfolgreiches Handeln der Verantwortungsträger im Rahmen des Qualitäts- und Qualifizierungssystems sind ein gemeinschaftliches, kooperatives Vorgehen aller Beteiligten, eine klare Verantwortungszuweisung, eine offene und regelmäßige Kommunikation sowie eine von allen Beteiligten akzeptierte Aufgabenteilung (vgl.

Kap. 4.2). Eine nur auf den Eigennutzen ausgerichtete Erfolgsorientierung der beteiligten Organisationen ist im Sinne des gemeinsamen Ziels der Qualitätsverbesserung und -sicherung und letztlich der Erhaltung der Wettbewerbsfähigkeit der Destination zu vermeiden.

Bildung einer zentralen Institution für Qualität und Qualifizierung auf einer möglichst hohen Destinationsebene
Ein zentraler Erfolgsfaktor für die wirkungsvolle und zielgerichtete Verknüpfung der Qualitäts- und Qualifizierungsbestrebungen einer Destination im Rahmen eines ganzheitlichen Systemansatzes ist die Einrichtung einer Koordinationsinstanz (vgl. Kap. 5.1), die den Aktivitäten zur Qualitätsverbesserung und zur Weiterbildung den gemeinsamen organisatorischen Rahmen gibt und als zentrale Anlaufstelle des Gesamtsystems fungiert. Die Wirkung eines ganzheitlichen Qualitäts- und Qualifizierungssystems kann u. a. aufgrund der zu erzielenden Bündelungseffekte, der erhöhten Glaubwürdigkeit sowie der Vorteile, die durch eine Einbindung der Qualitätsthematik in die destinationsweiten Marketingaktivitäten entstehen können, bei einer Integration des Systems auf einer höheren Destinationsebene im Vergleich zu einer Systemeinbindung auf einer niedrigeren Ebene gesteigert werden (vgl. Kap. 4.2). Vor diesem Hintergrund sind die Einbindung des Systems und die Ansiedlung der Koordinierungsstelle auf einer möglichst hohen Destinationsebene vorzunehmen. Um die Verantwortlichkeiten zur regeln, die Einheitlichkeit der Bemühungen zu gewährleisten und die Transparenz bei den Adressaten des Systems und den Gästen zu fördern, ist es wichtig, die Umsetzung und die Kommunikation der Aktivitäten im Rahmen des Gesamtsystems zentral über die Koordinierungsstelle zu steuern.

Zur Wahrung der Glaubwürdigkeit des Systems bei den jeweiligen Adressaten ist die Objektivität der Kontrolle und Vergabe der Qualitäts- bzw. Weiterbildungszertifikate sicherzustellen. Insbesondere hinsichtlich des Qualitätssystems ist eine organisatorische Distanz der Kontrollinstitution zu den einzelnen Unternehmen von Vorteil, um die Neutralität der Qualitätsbeurteilung zu gewährleisten und auf diese Weise die Akzeptanz des Systems bei den tourismusrelevanten Unternehmen zu fördern (vgl. Kap. 4.2). Für den Erfolg des ganzheitlichen Systems ist es daher wichtig, dass die operative Leitung des Gesamtsystems von einer neutralen, unabhängigen Stelle übernommen wird.

Zu den Aufgaben der Institution zählt vorrangig die Betreuung beider Teilsysteme, wozu beispielsweise die Vergabe der Qualitäts- und Weiterbildungszertifikate, die Koordination und Vermittlung der Weiterbildungsangebote sowie die Beratung der Unternehmen hinsichtlich der Teilnahme am Qualitäts- bzw. Qualifizierungssystem gehört. Darüber hinaus ist sie für die Weiterentwicklung sowie für die Anpassung der einzelnen Systeminhalte an veränderte Rahmenbedingungen verantwortlich. Weitere Aufgaben sind u. a. die Förderung des Weiterbildungs- und Qualitätsbewusstseins der touristischen Akteure, die Betreuung des Informationspools, die Vermarktung des Qualitätszeichens auf den Zielmärkten und in der Branche sowie die Versorgung der Unternehmen mit Marktinformationen.

Langfristige Ausrichtung und dauerhafte Finanzierbarkeit
Die Aufgabe der Verbesserung und Sicherung der Angebotsqualität einer Destination stellt sich entsprechend dem Prinzip der kontinuierlichen Verbesserung als ein langfristiger Prozess der permanenten Verbesserung dar (vgl. Kap. 2.1.4). Auch der erforderliche Aufbau eines Qualitätszeichens, dessen Positionierung am Markt sowie die Einbindung der Qualitätsthematik in das Profil der Destination können nur auf langfristige Sicht realisiert werden.[37] Ein ganzheitliches Qualitäts- und Qualifizierungssystem kann demnach nur dann wirksam zum Erhalt der Wettbewerbsfähigkeit einer Destination beitragen, wenn es dauerhaft in die Destination integriert wird.

Um eine dauerhafte Einbindung des Systems zu gewährleisten, bedarf es aus Sicht der Systemorganisation insbesondere der Sicherstellung der erforderlichen finanziellen Rahmenbedingungen. Auf langfristige Sicht ist deshalb eine größtmögliche Unabhängigkeit von öffentlichen Fördergeldern bzw. eine weitestgehende Finanzierung über Eigeneinnahmen anzustreben. Zur Realisierung der Eigenfinanzierung müssen möglichst viele Größen- und Bündelungsvorteile erzielt werden. Dieses bezieht sich zum einen auf die Einbindung der touristischen und weiterbildungsspezifischen Verantwortungsträger sowie die Nutzung der vorhandenen Ressourcen durch Integration bestehender Qualitäts- und Weiterbildungsaktivitäten, zum anderen auf die Gewinnung möglichst vieler Unternehmen und Beschäftigter für die Teilnahme am Qualitäts- und Quali-

---

[37] In Anlehnung an Dettmer/Eisenstein et al. 2005, 49f.

fizierungssystem. Einnahmen können beispielsweise aus der Vergabe von Qualitätszertifikaten, aus der Vermittlung von Weiterbildungsangeboten oder aus der Beratung von Unternehmen generiert werden. Neben der finanziellen Tragbarkeit des Gesamtsystems ist zu gewährleisten, dass die Teilnahme an den einzelnen Stufen des Qualitätssystems sowie an den Qualifizierungsmaßnahmen für die Unternehmen auch aus finanzieller Sicht leistbar und der Einsatz des Qualitätszeichens wirtschaftlich ist.

5.3 Zusammenfassung der Anforderungen

Abbildung 31 fasst die Anforderungen an ein ganzheitliches Qualitäts- und Qualifizierungssystem in einer Destination zusammen.

Qualitätssystem	Qualifizierungssystem
Rahmenbedingungen	**Rahmenbedingungen**
Anforderungsgerechte Integration aller Qualitätskomponenten	Integration des Beschäftigungsbereichs im engeren Sinne
Berücksichtigung spezifischer Anspruchsgruppen	Integration aller Beschäftigungsgruppen
Integration aller Bereiche der Tourismuswirtschaft	KMU: Integration einer Weiterbildungsberatung
Stufensystem	Zeitlich flexible Maßnahmendurchführung
Systemweiterentwicklung/-anpassung	Dezentrale Maßnahmendurchführung
	Modulares System mit mehreren Qualifizierungsebenen
	Systemweiterentwicklung/-anpassung
Qualitätsverbesserungsprozess	**Weiterbildungsprozess**
Prozessorientierter Systemansatz	Segmentierung der Weiterbildung
Total Quality Management	Systematische und kontinuierliche Weiterbildung im modularen System
Strategische Unternehmensausrichtung und Führungsverantwortung	Kompetenzübergreifende Weiterbildung
Prozessorientierung	Erfolgskontrolle und Transfersicherung
Kundenorientierung	Bedarfsorientierte Weiterbildung
Mitarbeiterorientierung	Qualitätssicherung
Kontinuierliche Verbesserung	
Systemunterstützende Anforderungen	
Integration eines Innen-Marketings	
Integration von Anreizen	
Integration eines Qualitätszeichens in der Außendarstellung	
Integration bestehender Qualitäts- und Qualifizierungsaktivitäten	
KMU: Integration von Marktforschungsdaten	
Integration einer brancheninternen Informationsplattform	
Gesamtsystem	
Übergeordnete Systemorganisation	
Integration der Verantwortungsträger	
Bildung einer zentralen Institution auf einer möglichst hohen Destinationsebene	
Langfristige Ausrichtung und dauerhafte Finanzierbarkeit	

Abb. 31: Anforderungskatalog (Kurzfassung)[38]

---

[38] Eine Langfassung des Anforderungskatalogs findet sich im Anhang auf Seite 161.

Die Unterschiede in der originären inhaltlichen Ausrichtung der Aufgaben sowie die verschiedenen Funktionsweisen eines Qualitäts- und eines Qualifizierungssystems erfordern unter dem koordinierenden Dach des Gesamtsystems ihre aufgabenspezifische Trennung in zwei Teilsysteme. Gemäß dieser Grundstruktur eines ganzheitlichen Qualitäts- und Qualifizierungssystems lässt sich bei der Ableitung der Anforderungen an ein solches System eine Unterscheidung hinsichtlich Ansprüchen an die Gestaltung des Qualitäts- und des Qualifizierungssystems, systemunterstützenden Anforderungen für beide Teilsysteme und Forderungen an die Gestaltung der übergeordneten Systemorganisation vornehmen:

Qualitätssystem
Die Unternehmen sind im Rahmen des Qualitätssystems zur Verbesserung der drei Qualitätskomponenten Hardware, Software und Umwelt aufzufordern, da sich für den Gast eine gute Qualität in der Regel aus dem Zusammenwirken aller drei Komponenten ergibt. Gleichwohl muss der Schwerpunkt der Verbesserungsmaßnahmen auf der Software- bzw. Servicequalität liegen, da insbesondere über diese Komponente Qualitätsvorteile für den Gast und Differenzierungspotenziale gegenüber Wettbewerbern generiert werden können. Die Angebotsqualität einer Destination ist ferner von der Gastfreundschaft der Einwohner einer Urlaubsregion sowie von der Kooperation der Leistungsträger untereinander abhängig, so dass von den Unternehmen im Zuge der Teilnahme am Qualitätssystem auch Maßnahmen zur Förderung des Allgemeinwohls sowie zur Zusammenarbeit mit Partnerunternehmen zu erbringen sind.

Da der Besucher einer Urlaubsregion im Rahmen seiner Leistungsbeurteilung nicht zwischen einzelnen Anbietern unterscheidet, sondern sein Qualitätsurteil über die erhaltene Gesamtleistung bildet, besteht die Notwendigkeit, alle an der Leistungserstellung beteiligten Unternehmen der Tourismuswirtschaft im engeren und weiteren Sinne in den Qualitätsverbesserungsprozess einer Destination einzubeziehen. Die Öffnung des Qualitätssystems für alle tourismusrelevanten Unternehmen und die damit verbundene Einbindung von Betrieben mit unterschiedlichen Leistungsfähigkeiten erfordert die Gestaltung des Systems in Form eines Stufensystems mit ansteigendem Leistungsniveau. Ein solches System schafft zum einen die Voraussetzung dafür, dass eine Teilnahme auch für Unternehmen mit einer geringen Leistungsfähigkeit realisierbar ist.

Zum anderen ermöglicht es Unternehmen mit einer höheren Leistungsfähigkeit, sich von weniger leistungsstarken Betrieben zu differenzieren.
Die Einbindung von Unternehmen aus unterschiedlichen Wirtschaftsbereichen bringt die Notwendigkeit mit sich, dem Qualitätssystem einen
prozessorientierten Systemansatz zugrunde zu legen, der von den Unternehmen eine individuelle Verbesserung betrieblicher Abläufe verlangt
und damit eine branchenübergreifende Umsetzung der Qualitätsforderungen erlaubt. Die Realisierung einer systematischen Qualitätsverbesserung in den Unternehmen setzt voraus, dass sich die in den Betrieben zu
initiierenden Verbesserungsprozesse an den Grundsätzen des umfassenden Qualitätsmanagements, des Total Quality Managements orientieren
und die strategische Unternehmensausrichtung, die Führungsverantwortung, die Prozess-, Kunden- und Mitarbeiterorientierung sowie die kontinuierliche Verbesserung schrittweise in den Unternehmen implementieren. Mit der Weiterentwicklung des Qualitätssystems sowie der Anpassung der Qualitätsforderungen an die Markterfordernisse werden die
Voraussetzungen dafür geschaffen, dass die Bemühungen zur Verbesserung und Sicherung der Angebotsqualität in einer Destination nachfra-
georientiert ausgerichtet sind.

Qualifizierungssystem

Die Zufriedenstellung des Gastes erfordert eine Sicherstellung der Qualität und insbesondere der Servicequalität in sämtlichen Bestandteilen des
touristischen Leistungsbündels, so dass grundsätzlich bei allen direkt an
der Erstellung der touristischen Dienstleistung beteiligten Unternehmen
eine Notwendigkeit zur stetigen Anpassung und Weiterentwicklung der
Qualifikationen der Beschäftigten besteht. Demzufolge sind die Personen, die dem touristischen Beschäftigungsbereich im engeren Sinne an-
gehören, zu den primären Adressaten des Qualifizierungssystems zu zählen. Die Servicequalität wird ferner vom Verhalten der Akteure des ergänzenden Beschäftigungsbereichs und der Bewohner einer Destination
beeinflusst. Beide bilden jedoch keine direkte Zielgruppe des Qualifizierungssystems, da sie zur Ausübung ihrer Tätigkeit bzw. zur Aufrechterhaltung der Gastfreundschaft kein touristisches Fachwissen benötigen.
Gleichwohl empfiehlt sich ihre Einbindung in das System, um den Prozess der Qualitätsverbesserung in einer Destination durch positive Effekte aus dem Umfeld der Tourismuswirtschaft im engeren Sinne zu beglei-
ten. Innerhalb der zum Adressatenkreis des Qualifizierungssystems ge-

hörenden Unternehmen sind alle Beschäftigungsgruppen in den Prozess der Weiterbildung einzubeziehen, da die Servicequalität eines Unternehmens sowohl von einem qualifizierten Handeln einer Führungs- oder Fachkraft als auch eines An- oder Ungelernten beeinflusst wird. Die Weiterbildung in einer Destination ist aufgrund der spezifischen Beschäftigungsmerkmale im Tourismus sowie des destinationsweiten Einzugsbereichs der Adressaten des Qualifizierungssystems zeitlich flexibel und räumlich dezentral durchzuführen. In kleinstrukturierten Destinationen wird es darüber hinaus als für den Systemerfolg wichtig erachtet, das Qualifizierungssystem – zum Ausgleich der häufig nur unzureichenden Auseinandersetzung der Unternehmen mit der Weiterbildungsthematik – mit einer Beratungsleistung zu verknüpfen.

Im Rahmen des Weiterbildungsprozesses in einer Destination ist eine nach Aufgaben und Vorbildungen sowie bezüglich der Fachkompetenz eine in Teilen nach Branchensegmenten differenzierte Weiterbildung erforderlich, um zu gewährleisten, dass die vermittelten Kenntnisse und Fähigkeiten auf die Aufgaben der Weiterbildungsteilnehmer abgestimmt sind. Vor dem Hintergrund zahlreicher allgemeiner und branchenspezifischer Entwicklungen wie der zunehmenden Komplexität der touristischen Dienstleistung gewinnt eine systematische und kontinuierliche Weiterbildung der touristischen Akteure einer Destination an Bedeutung. Die Basis für eine systematische Weiterbildung bildet die Vermittlung der Lerninhalte über einzelne Module. Ein modular aufgebautes Qualifizierungssystem erlaubt eine einfache Organisation einzelner Lernschritte und eine Auswahl der Weiterbildungsinhalte in Abstimmung mit den Aufgaben des Weiterbildungsteilnehmers. Die Schaffung von Bildungsgängen durch die Zusammenfassung mehrerer Module zu einem Abschluss fördert nicht nur eine systematische und zielorientierte Vorgehensweise bei der Qualifizierung, sondern ermöglicht auch eine einfache Planung längerer Bildungsphasen.

Um einen höchst möglichen Nutzen mit der Weiterbildung zu erzielen, ist die Festlegung der Weiterbildungsinhalte in Abstimmung mit den aktuellen und künftigen Anforderungen an die Qualifikationen der Beschäftigten vorzunehmen. Neben den Ansprüchen der Empfänger an die Weiterbildung stellen auch die Gäste Anforderungen an die Qualifikationen der Akteure im Tourismus. Die Erfüllung der häufig sehr komplexen Gästewünsche setzt vielfältige Kenntnisse und Fähigkeiten bei den Beschäftigten voraus, deren Weiterbildung im Rahmen des Qualifizierungssystems entsprechend kompetenzübergreifend ausgerichtet werden muss. Mit der laufenden Anpassung der Weiterbildungsinhalte an die Teilnehmer- und Markterfordernisse werden die Voraussetzungen dafür geschaffen, dass der Weiterbildungsprozess mit einem hohen Nutzen für die Verbesserung der Angebotsqualität verbunden ist. Die Erfolgskontrolle und die Transfersicherung helfen den Lernerfolg der im Rahmen des Qualifizierungssystems anzubietenden Weiterbildungsmaßnahmen zu kontrollieren bzw. die Anwendung des Erlernten in der betrieblichen Arbeit zu unterstützen und sind somit wichtige Bestandteile des Weiterbildungsprozesses. Die Kontrolle der Ergebnis- und Übertragungsqualität ist im Rahmen der Qualitätssicherung durch Maßnahmen zur Überprüfung der Durchführungsqualität der Weiterbildungsmaßnahmen sowie der Einrichtungsqualität der Weiterbildungsträger zu ergänzen.

Systemunterstützende Anforderungen
Im Zuge der Einrichtung eines ganzheitlichen Qualitäts- und Qualifizierungssystems sind bestimmte Bedingungen zu berücksichtigen, die verschiedene unterstützende Funktionen im Hinblick auf den erfolgreichen Einsatz eines solchen Systems haben. Aus der fehlenden Weisungsbefugnis der touristischen Verantwortungsträger gegenüber den eigenständigen Leistungserbringern resultiert eine Freiwilligkeit der Teilnahme am Qualitäts- und Qualifizierungssystem, die die Schaffung von Anreizen für eine Teilnahme sowie das Ergreifen von Maßnahmen des Innen-Marketings erfordert, die auf die Information, Sensibilisierung und Motivation der Systemadressaten abzielen. Die Nutzung eines Qualitätszeichens in der Außendarstellung unterstützt die Bestrebungen einer Destination, die Qualitätsaktivitäten bei den Gästen bekannt zu machen und sich als qualitätsorientierte Urlaubsregion im Wettbewerb zu profilieren.

Mit der Implementierung eines ganzheitlichen Qualitäts- und Qualifizierungssystems ist ein hoher personeller und finanzieller Aufwand verbunden. Die Prüfung der Integrationsmöglichkeiten bestehender Aktivitäten zur Qualitätsverbesserung und Weiterbildung wirkt dahingehend unterstützend, dass durch Nutzung vorhandener Ressourcen weniger neue Ressourcen aufgebracht werden müssen und zudem Mehrfacharbeiten vermieden werden können. Ferner kann eine Bündelung der qualitäts- und weiterbildungsspezifischen Maßnahmen unter dem Dach eines Gesamtsystems die Transparenz und die Wahrnehmbarkeit der Aktivitäten bei den Leistungsträgern und den Gästen erhöhen.

Im Zuge der Implementierung eines ganzheitlichen Qualitäts- und Qualifizierungssystems ist eine kontinuierliche und breit gestreute Information der Adressaten des Systems wichtig. Eine brancheninterne Informationsplattform trägt mit der Information über das Qualitäts- und Qualifizierungssystem zur Transparenz und Glaubwürdigkeit des Systems bei und wirkt auf diesem Wege unterstützend bei der Wahrnehmung der Aufgaben des Innen-Marketings. Ferner fördert sie durch die Versorgung der Adressaten des Systems mit relevanten Informationen für die betriebliche Arbeit ein nachfrageorientiertes Handeln der Unternehmen im Rahmen des ganzheitlichen Systems. In Destinationen mit einer sehr kleinteiligen Betriebsstruktur ist es darüber hinaus wichtig, den Akteuren für die Betriebsebene aufbereitete Marktforschungsdaten zur Verfügung zu stellen, da diese vielfach nicht eigenständig erhoben werden können, jedoch die Grundlage für die Umsetzung nachfrageorientierter Qualitätsverbesserungen bilden.

Übergeordnete Systemorganisation
Um eine wirkungsvolle und zielgerichtete Verknüpfung der Aktivitäten einer Destination zur Verbesserung ihrer Angebotsqualität sowie zur Weiterbildung der touristischen Akteure zu ermöglichen, ist eine den Teilsystemen übergeordnete Koordinationsinstanz einzurichten, die als zentrale Anlaufstelle des Gesamtsystems fungiert. Die Einbindung der Koordinierungsstelle wie auch des Gesamtsystems ist u. a. aufgrund potenzieller zu erzielender Größenvorteile auf einer möglichst hohen Destinationsebene vorzunehmen. Zur Wahrung der Glaubwürdigkeit des Systems ist es wichtig, dass die operative Leitung des Gesamtsystems von einer neutralen Stelle ausgeübt wird. Durch die Beteiligung möglichst vieler Entscheidungsträger aus den Bereichen Tourismus und Weiterbildung an der Verantwortung für das ganzheitliche System können für das Betreiben des Systems wichtige personelle und finanzielle Bündelungseffekte erzielt, die Voraussetzungen für eine einheitliche Ausrichtung der qualitäts- und weiterbildungsbezogenen Aktivitäten der Destination geschaffen und die Akzeptanz des Systems innerhalb der Branche gefördert werden. Da sich das Ziel der Verbesserung der Angebotsqualität nur über einen langfristigen Zeitraum erreichen lässt, bedarf es einer dauerhaften Integration des Systems in die Destination. Hierfür ist insbesondere eine ausreichende Ausstattung mit finanziellen Mitteln mit einem größtmöglichen Eigenfinanzierungsanteil sicherzustellen.

6. Fazit

Für traditionelle Destinationen in Mitteleuropa ist die Herausstellung der Unterschiede in der Qualität der angebotenen Tourismusleistungen gegenüber Mitbewerbern im Zuge einer Differenzierungs- bzw. Qualitätsstrategie ein zentrales Instrument, um nach den Veränderungsprozessen in den vergangenen Jahren in einem umkämpften touristischen Markt Wettbewerbsvorteile zu erzielen. Vor dem Hintergrund einer relativ einfach adaptierbaren und sich zwischen den weltweiten Zielgebieten angleichenden materiellen Leistungskomponente und einer schwer kopier- und beeinflussbaren Qualitätskomponente Umwelt können im Rahmen einer Qualitätsstrategie Differenzierungspotenziale am einfachsten und wirksamsten im Bereich der Qualität der personengebundenen Serviceleistungen generiert werden. Auch für das Qualitätsempfinden des Gastes spielt die Servicequalität eine bedeutsame Rolle: Ob ein Qualitätserlebnis als positiv empfunden wird und die erhaltene Leistung zufriedenstellend ist, definiert sich für den Besucher einer Urlaubsregion in besonderem Maße über die Qualität des erlebten Services. Mit dem Bedeutungsgewinn der Servicequalität rücken die Qualifikationen der handelnden Akteure auf der Anbieterseite in den Vordergrund. Die Kenntnisse, Fähigkeiten und Fertigkeiten der im Tourismus Beschäftigten sowie deren laufende Weiterentwicklung bilden die Voraussetzung, um eine vom Markt zur Differenzierung und vom Gast zu seiner Zufriedenstellung geforderte Qualität erbringen zu können.

Aufgrund der hohen Bedeutung der Servicekomponente wird in Zukunft eine rein auf die Optimierung der touristischen Angebote ausgerichtete Qualitätsstrategie nicht mehr in entscheidender Weise zu einem erfolgreichen Agieren einer Destination im Wettbewerb um den Gast beitragen können. Vielmehr setzt die positive Einflussnahme einer Qualitätsstrategie auf die Konkurrenzfähigkeit eines touristischen Zielgebiets voraus, dass im Zuge ihrer Umsetzung flankierende Maßnahmen zur kontinuierlichen Anpassung und Weiterentwicklung der Qualifikationen der touristischen Akteure in der Destination und in der Folge zur gezielten Verbesserung der Servicequalität ergriffen werden. Zukünftig ist somit ein noch stärker aufeinander abgestimmtes und systematisches Vorgehen bei der Wahrnehmung der Aufgabenbereiche Qualität und Qualifizierung von großer Wichtigkeit. Da der Gast seine Kaufentscheidung fast ausschließlich auf Destinationsebene trifft, muss dabei die destinationsweite Koordination der Aufgaben im Fokus stehen. In Anbetracht dieser Entwicklungen sollten sich Destinationen in den traditionellen Tourismusgebieten Mitteleuropas, die sich den Herausforderungen des Marktes mit Hilfe einer Qualitätsstrategie stellen wollen, für ein interdisziplinäres Vorgehen unter Einbindung sowohl des Qualitäts- als auch des Qualifizierungsaspekts entscheiden.

Den verantwortlichen Akteuren im Destinationsmanagement stehen verschiedene Ansätze zur Qualitätsverbesserung und -sicherung zur Verfügung. Diese fokussieren jedoch häufig ausschließlich die Angebotsqualität, während der wichtige Zusammenhang mit dem Aspekt der Qualifizierung vernachlässigt wird. Ein ausreichend bekannter und akzeptierter konzeptioneller Ansatz für ein destinationsweites System, das beide Disziplinen umfassend vereint, existiert bisher nicht. Mit dem in dieser Arbeit verfolgten Ansatz ist eine Sichtweise gewählt worden, die den Qualitäts- und den Qualifizierungsaspekt in Kombination im Sinne eines ganzheitlichen Qualitäts- und Qualifizierungssystems betrachtet. Im Zuge der Ausführungen wurden die Anforderungen an die Gestaltung eines ganzheitlichen Qualitäts- und Qualifizierungssystems unter Berücksichtigung der theoretischen Ansprüche an einen langfristig qualitätsorientierten Tourismus in einer Destination abgeleitet. Es ist ein Weg aufgezeigt worden, wie sich ein ganzheitlicher Systemansatz zur destinationsweiten Koordination der Aufgabenbereiche Qualität und Qualifizierung in einem touristischen Zielgebiet entwickeln lässt und unter welchen Bedingungen dieser zur Verbesserung der Angebotsqualität sowie letztlich zur Erhaltung der Wettbewerbsfähigkeit traditioneller mitteleuropäischer Destinationen beitragen kann. Durch Berücksichtigung der spezifischen Herausforderungen kleinstrukturierter Destinationen hinsichtlich der Umsetzung einer Qualitäts- und Qualifizierungsstrategie wird der dargestellte Ansatz auch den Ansprüchen touristischer Räume gerecht, die durch kleinteilige Betriebsstrukturen gekennzeichnet sind.

Mit dem erarbeiteten Anforderungskatalog wird den in touristischen Zielgebieten verantwortlichen Akteuren ein Leitfaden zur Verfügung gestellt, der für die Entwicklung und Einführung eines ganzheitlichen Qualitäts- und Qualifizierungssystems bzw. für die Prüfung der Anwendbarkeit von bereits entwickelten Bestandteilen eines ganzheitlichen Systems genutzt werden kann. Darüber hinaus können die Erkenntnisse dieser Arbeit auch für Destinationen nützlich sein, die bereits ein System zur Qualitätsverbesserung aufgebaut haben. Der Anforderungskatalog kann zum einen zur Verifizierung bisheriger Aktivitäten sowie zur Feststellung der für einen ganzheitlichen Ansatz noch umzusetzenden Systembestandteile herangezogen werden. Zum anderen liefert die detaillierte Herleitung der Anforderungen Begründungen und Argumente für einzelne Systemmerkmale, die im Zuge einer Rechenschaftsablegung gegenüber Anspruchsgruppen genutzt werden können.

Für die Implementierung eines dem Anforderungskatalog entsprechenden ganzheitlichen Qualitäts- und Qualifizierungssystems in einer Destination sind für die Praxis über die in dieser Arbeit dargestellten Anforderungen hinaus weitere Faktoren zu beachten. Die abgeleiteten Anforderungen bauen teilweise aufeinander auf und sind voneinander abhängig, so dass ein Qualitäts- und Qualifizierungssystem dann den größten Beitrag zur Verbesserung der Angebots- und Servicequalität einer Destination leisten kann, wenn es die Gesamtheit der Bedingungen erfüllt. Gleichwohl wird es den verantwortlichen Akteuren im Destinationsmanagement nicht möglich sein, ein ganzheitliches System in die Destination zu integrieren, das mit dem Zeitpunkt seiner Einführung allen Anforderungen entsprechen kann, da die hierfür benötigten Ressourcen in der Regel nicht von Beginn an in einem ausreichenden Maße zur Verfügung gestellt werden können. Dieses betrifft in erster Linie den mehrstufigen Aufbau der beiden Teilsysteme. Auch ist zu erwarten, dass sich die für ein wirtschaftliches Betreiben eines umfassenden Systems erforderliche Nachfrage bei den Unternehmen sowie den Beschäftigten aufgrund der Freiwilligkeit der Systemteilnahme und der insbesondere in kleinstrukturierten Destinationen oftmals fehlenden Einsicht in den Nutzen von Maßnahmen zur Qualitätsverbesserung und Weiterentwicklung der Qualifikationen nur über einen längeren Zeitraum generieren lässt. Die Einbindung eines ganzheitlichen Qualitäts- und Qualifizierungssystems in eine Destination ist daher als ein kontinuierlicher Prozess zu verstehen, der von den verantwortlichen Akteuren über den gesamten Zeitraum mit großem Engagement zu verfolgen ist.

Die Einführung eines ganzheitlichen Systems zur Verbesserung der Angebotsqualität sowie zur Weiterbildung der touristischen Akteure einer Destination hat in der Praxis immer unter Berücksichtigung der spezifischen Voraussetzungen in dem jeweiligen touristischen Zielgebiet zu erfolgen. Es können somit durchaus Unterschiede in der Ausprägung bestimmter Systemmerkmale zwischen einzelnen Destinationen auftreten. Allerdings darf die mit den in dieser Arbeit abgeleiteten Anforderungen definierte Zielsetzung und Wirkungsweise des Systems dadurch keine Einschränkung erfahren. So können beispielsweise in einer Destination mehr und andere bestehende Aktivitäten zur Übernahme bestimmter Aufgaben in das Qualitätssystem integriert werden als in einer anderen touristischen Region. Die Anforderungen an den Ablauf des Qualitätsverbesserungsprozesses hingegen müssen von allen gleich umgesetzt werden, um die gewünschte Wirkung der Maßnahmen im Rahmen des Qualitätssystems zu erzielen.

Die Implementierung eines ganzheitlichen Qualitäts- und Qualifizierungssystems im Zuge der Umsetzung einer Qualitätsstrategie stellt keine Garantie dafür dar, dass es einer Destination gelingt, sich auf langfristige Sicht im Wettbewerb zu behaupten. Der Beitrag des Systems zur Sicherung der Konkurrenzfähigkeit ist insbesondere davon abhängig, ob die zum Erzielen der notwendigen Breitenwirkung der Qualitätsverbesserungen erforderliche Qualitäts- und Weiterbildungsbegeisterung und -motivation bei den Unternehmen und den touristischen Akteuren generiert werden kann und ob es der Destination gelingt, die Qualitätsthematik im Rahmen der Profilierung bei den Gästen sowie gegenüber Wettbewerbern zu nutzen. Darüber hinaus kann das System nur ein Teil einer Qualitätsstrategie sein und muss durch weitere qualitätsfördernde Maßnahmen wie Verbesserungen in der öffentlichen Infrastruktur flankiert werden. Gleichwohl ist den traditionellen mitteleuropäischen Urlaubsregionen vor dem Hintergrund der angebots- und nachfrageseitigen Marktentwicklung zu empfehlen, ein ganzheitliches Qualitäts- und Qualifizierungssystem gemäß dem in dieser Arbeit entwickelten Ansatz einzuführen, da ein solches System unter den genannten Voraussetzungen einen Erfolg versprechenden Beitrag zu einer Qualitätsstrategie und damit zur Stärkung der Wettbewerbsfähigkeit der Tourismusbranche leisten kann.

Abbildungsverzeichnis

Abkürzungsverzeichnis

Abs.	Absatz
BBiG	Berufsbildungsgesetz
DIN e. V.	Deutsches Institut für Normung e. V.
DSFT e. V.	Deutsches Seminar für Tourismus e. V.
EFQM	European Foundation for Quality Management
EG	Europäische Gemeinschaft
EN	Europäische Norm
EQUIB	Entwicklungsplanung Qualifikation im Land Bremen
FORCE	Aktionsprogramm der Gemeinschaft zur Förderung der beruflichen Weiterbildung
KMU	Kleine und mittlere Unternehmen
o. J.	ohne Jahr
QM	Qualitätsmanagement
QMS	Qualitätsmanagementsystem
TO	Tourismusorganisation
TQM	Total Quality Management

Literaturverzeichnis

Bachleitner, Reinhard (1998): Erlebniswelten: Faszinationskraft, gesellschaftliche Bedingungen und mögliche Effekte. In: Rieder, Max/Bachleitner, Reinhard/ Kagelmann, H. Jürgen (Hg.): *ErlebnisWelten. Zur Kommerzialisierung der Emotionen in touristischen Räumen und Landschaften.* München/Wien. 43-57. *(= Reihe Tourismuswissenschaftliche Manuskripte. Band 4)*

Bardeleben, Richard von/Böll, Georg/Kühn, Heidi (1986): *Strukturen betrieblicher Weiterbildung.* Berlin/Bonn. *(= Berichte zur beruflichen Bildung. Heft 83)*

Bauer, Ewald (1994): Analyse von Kundenerwartungen – intern und extern. In: Mehdorn, Hartmut/Töpfer, Armin (Hg.): *Besser – Schneller – Schlanker: TQM-Konzepte in der Unternehmenspraxis.* Neuwied/Kriftel/Berlin. 109-136.

BBiG: *Berufsbildungsgesetz vom 23. März 2005.* Nicht-amtliche Veröffentlichung. Stand 11.04.2005.

Becker, Manfred (1999): *Aufgaben und Organisation der betrieblichen Weiterbildung.* 2. Auflage. München/Wien.

Becker, Manfred (2002): *Personalentwicklung. Bildung, Förderung und Organisationsentwicklung in Theorie und Praxis.* 3. Auflage. Stuttgart.

Becker, Manfred (2005): *Systematische Personalentwicklung. Planung, Steuerung und Kontrolle im Funktionszyklus.* Stuttgart.

Beritelli, Pietro (1999): Qualität im Destinationsmanagement. In: Mussner, Rudolf/ Pechlaner, Harald/Schönhuber, Andreas (Hg.): *Destinationsmanagement della destinazione.* Chur/Zürich. 31-44.

Berthel, Jürgen/Becker, Fred G. (2003): *Personal-Management.* 7. Auflage. Stuttgart.

Bieger, Thomas (1999): Destinationsmanagement dank Finanzierung – Finanzierung dank Destinationsmanagement. In: Pechlaner, Harald/Weiermair, Klaus (Hg.): *Destinationsmanagement. Führung und Vermarktung von touristischen Zielgebieten.* Wien. 91-117. *(= Management und Unternehmenskultur. Schriftenreihe der Europäischen Akademie Bozen. Band 2)*

Bieger, Thomas (2000): *Management von Destinationen und Tourismusorganisationen.* 4. Auflage. München/Wien.

Bieger, Thomas (2001): Perspektiven der Tourismuspolitik in traditionellen alpinen Tourismusländern – Welche Aufgabe hat der Staat noch? In: Kreilkamp, Edgar/Pechlaner, Harald/Steinecke, Albrecht (Hg.): *Gemachter oder gelebter Tourismus? Destinationsmanagement und Tourismuspolitik.* Wien. 11-40. *(= Management und Unternehmenskultur. Schriftenreihe der Europäischen Akademie Bozen. Band 3)*

Bieger, Thomas (2005): *Management von Destinationen.* 6. Auflage. München/Wien.

Bieger, Thomas/Bronzini, Marco/Diermeier, Kurt/Künzi, Gottfried/Loser, Walter/Meier, Annemarie/Müller, Hansruedi/Suter, Hansruedi/Ziltener, Willy (1998): Neue Strukturen im Schweizer Tourismus – das Konzept. In: Bieger, Thomas/Laesser, Christian (Hg.): *Neue Strukturen im Tourismus – Der Weg der Schweiz.* Bern/Stuttgart/Wien. 15-49.

Bieger, Thomas/Laesser, Christian (2004): Neue Organisationsformen und Geschäftsmodelle im Tourismus. In: Weiermair, Klaus/Peters, Mike/Pechlaner, Harald/Kaiser, Marc-Oliver (Hg.): *Unternehmertum im Tourismus. Führen mit Erneuerungen.* Berlin. 69-90.

Birg, Herwig (2000): *Trends der Bevölkerungsentwicklung Auswirkungen der Bevölkerungsschrumpfung, der Migration und der Alterung der Gesellschaft in Deutschland und Europa bis 2050, insbesondere im Hinblick auf den Bedarf an Wohnraum.* Frankfurt am Main. *(= Schriftenreihe des Verbandes deutscher Hypothekenbanken. Band 12)*

Bovermann, Anke (1997): *Dienstleistungsqualität durch Total Quality Management.* Wiesbaden.

Bröckermann, Reiner (2003): *Personalwirtschaft. Lehr- und Übungsbuch für Human Resource Management.* 3. Auflage. Stuttgart.

Bruhn, Manfred (2006): *Qualitätsmanagement für Dienstleistungen. Grundlagen, Konzepte, Methoden.* 6. Auflage. Berlin/Heidelberg.

Bruhn, Manfred/Georgi, Dominik (1999): *Kosten und Nutzen des Qualitätsmanagements. Grundlagen, Methoden, Fallbeispiele.* München/Wien.

Bruhn, Manfred/Hadwich, Karsten (2004): Qualitätswahrnehmung und Qualitätszeichen bei touristischen Dienstleistungen. In: Weiermair, Klaus/Pikkemaat, Birgit (Hg.): *Qualitätszeichen im Tourismus. Vermarktung und Wahrnehmung von Leistungen.* Berlin. 5-20. *(= Schriften zu Tourismus und Freizeit. Band 3)*

Brunner-Sperdin, Alexandra/Müller, Sabine (2005): Das Erlebnis als innovative Angebotsgestaltung. In: Pechlaner, Harald/Tschurtschenthaler, Paul/Peters, Mike/Pikkemaat, Birgit/Fuchs, Matthias (Hg.): *Erfolg durch Innovation. Perspektiven für den Tourismus- und Dienstleistungssektor.* Wiesbaden. 199-208.

Bundesministerium für Bildung und Forschung (Hg.) (2006): *Berichtssystem Weiterbildung IX. Integrierter Gesamtbericht zur Weiterbildungssituation in Deutschland.* Bonn/Berlin.

Corsten, Hans/Gössinger, Ralf (2007): *Dienstleistungsmanagement.* 5. Auflage. München/Wien.

Darby, Michael R./Karni, Edi (1973): „Free Competition and the Optimal Amount of Fraud". *The Journal of Law & Economics.* 16:67-88.

Deming, William E. (1988): *Out of the Crisis.* 5. Auflage. Cambridge/Massachusetts.

Dettmer, Harald/Eisenstein, Bernd/Gruner, Axel/Hausmann, Thomas/Kaspar, Claude/Oppitz, Werner/Pircher-Friedrich, Anna Maria/Schoolmann, Gerhard (2005): *Managementformen im Tourismus.* München.

Deutscher Bildungsrat (1970): *Strukturplan für das Bildungswesen.* Bonn. *(= Empfehlungen der Bildungskommission)*

DIN e. V. (2001): *Einführung in die DIN-Normen.* Bearbeitet von Grode, Hans-Peter. 13. Auflage. Stuttgart/Leipzig/Wiesbaden/Berlin/Wien/Zürich. 315-323.

DSFT e. V. (Hg.) (o. J.): *Jahresbericht 2004.* Berlin.

Ehrentraut, Oliver/Fetzer, Stefan (2007): Die Bedeutung älterer Arbeitnehmer im Zuge der demografischen Entwicklung. In: Holz, Melanie/Da-Cruz, Patrick (Hg.): *Demografischer Wandel in Unternehmen. Herausforderungen für die strategische Personalplanung.* Wiesbaden. 23-35.

Engl, Christoph (2006): Warum es nicht genügt ein Tourismusland zu sein. In: Pechlaner, Harald/Fischer, Elisabeth (Hg.): *Qualitätsmanagement im Tourismus. Kundenorientierung, Kundenbindung und Kundenzufriedenheit.* Wien. 119-125. *(= Management und Unternehmenskultur. Schriftenreihe der Europäischen Akademie Bozen. Band 15)*

Faulstich, Peter (1998): *Strategien der betrieblichen Weiterbildung. Kompetenz und Organisation.* München.

Frehr, Hans-Ulrich (1994): *Total Quality Management. Unternehmensweite Qualitätsverbesserung.* 2. Auflage. München/Wien.

Freyer, Walter (2006): *Tourismus. Einführung in die Fremdenverkehrsökonomie.* 8. Auflage. München/Wien.

Freyer, Walter (2007): *Tourismus-Marketing. Marktorientiertes Management im Mikro- und Makrobereich der Tourismuswirtschaft.* 5. Auflage. München/Wien.

Freyer, Walter/Dreyer, Axel (2004): Qualitätszeichen im Tourismus – Begriffe und Typen. In: Weiermair, Klaus/Pikkemaat, Birgit (Hg.): *Qualitätszeichen im Tourismus. Vermarktung und Wahrnehmung von Leistungen.* Berlin. 63-92. *(= Schriften zu Tourismus und Freizeit. Band 3)*

Fuchs, Matthias (2003): Wissenskultur auch in kleinen und mittleren Unternehmen – Über die neue Rolle des Personalmanagements. In: Stahl, Heinz K./Hinterhuber, Hans H. (Hg.): *Erfolgreich im Schatten der Großen. Wettbewerbsvorteile für kleine und mittlere Unternehmen.* Berlin. 147-170. *(= Kolleg für Leadership und Management. Band 1)*

Fuchs, Matthias (2004): Entwicklungspotenzial und Best-Practice der Ressource Unternehmertum im Tourismus. In: Weiermair, Klaus/Peters, Mike/Pechlaner, Harald/Kaiser, Marc-Oliver (Hg.): *Unternehmertum im Tourismus. Führen mit Erneuerungen.* Berlin. 237-261.

Fuchs, Matthias (2005): Mitarbeiter als Quelle von Innovationen. In: Pechlaner, Harald/Tschurtschenthaler, Paul/Peters, Mike/Pikkemaat, Birgit/Fuchs, Matthias (Hg.): *Erfolg durch Innovation. Perspektiven für den Tourismus- und Dienstleistungssektor.* Wiesbaden. 327-340.

Fueglistaller, Urs (2004): *Charakteristik und Entwicklung von Klein- und Mittelunternehmen (KMU).* St. Gallen.

Fueglistaller, Urs/Seiler, Samuel (1999): *KMU und ihre Dienstleistungen V - Vom Dienstleistungsmanagement zur Dienstleistungskompetenz.* St. Gallen. Zitiert nach Tschurtschenthaler, Paul (2004): Unternehmerische Aus- und Weiterbildung im Tourismus. In: Weiermair, Klaus/Peters, Mike/Pechlaner, Harald/Kaiser, Marc-Oliver (Hg.): *Unternehmertum im Tourismus. Führen mit Erneuerungen.* Berlin. 105-122.

Garvin, David A. (1988): *Managing Quality – The Strategic and Competitive Edge.* New York.

Gelshorn, Thomas/Michallik, Stefan/Staehle, Wolfgang H. (1991): *Die Innovationsorientierung mittelständischer Unternehmen – Auswirkungen staatlicher Innovationsförderung.* Stuttgart.

Grötsch, Kurt (2001): Psychologische Aspekte von Erlebniswelten. In: Hinterhuber, Hans H./Pechlaner, Harald/Matzler, Kurt (Hg.): *IndustrieErlebnisWelten. Vom Standort zur Destination.* Berlin. 69-82.

Grünewald, Uwe/Moraal, Dick (1996): *Betriebliche Weiterbildung in Deutschland: Gesamtbericht; Ergebnisse aus drei empirischen Erhebungsstufen einer Unternehmensbefragung im Rahmen des EG-Aktionsprogrammes FORCE.* Herausgegeben vom Bundesinstitut für Berufsbildung. Berlin/Bonn.

Gürtler, Marc/Schnuck, Stefan (2003): Basel II und Auswirkungen auf den Mittelstand. Total Quality Management und das Bewertungsrisiko von KMU. In: Meyer, Jörn-Axel (Hg.): *Unternehmensbewertung und Basel II in kleinen und mittleren Unternehmen.* Köln. 33-43.

Hamer, Eberhard (1988): *Wie Unternehmer entscheiden. Motive und Verhalten mittelständischer Firmenchefs.* Landsberg/Lech.

Hammer, Gerlinde (2003): *Monitoring-Bericht 2003/2. Tourismus. Qualifikationsbedarfe für einen erfolgreichen Städtetourismus im Lande Bremen.* Herausgegeben vom Institut Arbeit und Wirtschaft Universität/Arbeitnehmerkammer Bremen. Bremen. *(= EQUIB Entwicklungsplanung Qualifikation im Land Bremen)*

Hentschel, Bert (1992): *Dienstleistungsqualität aus Kundensicht. Vom merkmals- zum ereignisorientierten Ansatz.* Wiesbaden.

Hinterhuber, Hans H./Matzler, Kurt/Pechlaner, Harald/Rothenberger, Sandra (2004): Effektives Kundenwertmanagement im Tourismus. In: Hinterhuber, Hans H./Pechlaner, Harald/Kaiser, Marc-Oliver/Matzler, Kurt (Hg.): *Kundenmanagement als Erfolgsfaktor. Grundlagen des Tourismusmarketing.* Berlin. 3-28. *(= Schriften zu Tourismus und Freizeit. Band 1)*

Holz, Melanie/Da-Cruz, Patrick (2007): Neue Herausforderungen im Zusammenhang mit alternden Belegschaften. In: Holz, Melanie/Da-Cruz, Patrick (Hg.): *Demografischer Wandel in Unternehmen. Herausforderungen für die strategische Personalplanung.* Wiesbaden. 13-22.

Hummeltenberg, Wilhelm (1995): Bewertungsmodelle für TQM. In: Preßmar, Dieter B. (Hg.): *Total Quality Management I.* Wiesbaden. 137-184. *(= Schriften zur Unternehmensführung. Band 54)*

Jung, Hans (2006): *Personalwirtschaft.* 7. Auflage. München/Wien.

Jung, Manfred (1994): Business Process Management: Eine TQM-Voraussetzung. In: Mehdorn, Hartmut/Töpfer, Armin (Hg.): *Besser – Schneller – Schlanker: TQM-Konzepte in der Unternehmenspraxis.* Neuwied/Kriftel/Berlin. 137-164.

Kagelmann, H. Jürgen (1998): Erlebniswelten: Grundlegende Bemerkungen zum organisierten Vergnügen. In: Rieder, Max/Bachleitner, Reinhard/Kagelmann, H. Jürgen (Hg.): *ErlebnisWelten. Zur Kommerzialisierung der Emotionen in touristischen Räumen und Landschaften.* München/Wien. 58-94. *(= Reihe Tourismuswissenschaftliche Manuskripte. Band 4)*

Kamiske, Gerd F./Brauer, Jörg-Peter (2006): *Qualitätsmanagement von A bis Z. Erläuterungen moderner Begriffe des Qualitätsmanagements.* 5. Auflage. München/Wien.

Kaspar, Claude (1995): *Management im Tourismus. Eine Grundlage für die Führung von Tourismusunternehmungen und -organisationen.* 2. Auflage. Bern/Stuttgart/Wien. *(= St. Galler Beiträge zum Tourismus und zur Verkehrswirtschaft. Reihe Tourismus. Band 13)*

Kaspar, Claude (1998): Mitarbeiterführung. In: Haedrich, Günther/Kaspar, Claude/Klemm, Kristiane/Kreilkamp, Edgar (Hg.): *Tourismus-Management. Tourismus-Marketing und Fremdenverkehrsplanung.* 3. Auflage. Berlin. 63-68.

Keller, Peter (2004): Innovation im Tourismus. In: Weiermair, Klaus/Peters, Mike/Pechlaner, Harald/Kaiser, Marc-Oliver (Hg.): *Unternehmertum im Tourismus. Führen mit Erneuerungen.* Berlin. 203-216.

Kittinger-Rosanelli, Christine/Matzler, Kurt (2004): Total Quality Management im Tourismus – Modelle und Methoden. In: Hinterhuber, Hans H./Pechlaner, Harald/Kaiser, Marc-Oliver/Matzler, Kurt (Hg.): *Kundenmanagement als Erfolgsfaktor. Grundlagen des Tourismusmarketing.* Berlin. 165-186. *(= Schriften zu Tourismus und Freizeit. Band 1)*

Kohl, Manfred (1998): *Qualität im Tourismus – Was macht Hotels und Restaurants (besonders) erfolgreich?* 2. Neuauflage. Wien.

Kollmann, Beatrix/Pechlaner, Harald (1999): Von der Tourismusorganisation zur Destinationsorganisation. In: Mussner, Rudolf/Pechlaner, Harald/Schönhuber, Andreas (Hg.): *Destinationsmanagement della destinazione.* Chur/Zürich. 69-81.

Krippendorf, Jost (1980): *Marketing im Fremdenverkehr.* 2. Auflage. Bern/Frankfurt am Main/Las Vegas. *(= Berner Studien zum Fremdenverkehr. Heft 7)*

Krogh, Georg von/Venzin, Markus (1995): „Anhaltende Wettbewerbsvorteile durch Wissensmanagement". *Die Unternehmung: Schweizerische Zeitschrift für betriebswirtschaftliche Forschung und Praxis.* 6:417-436.

Kronenberg, Christopher/Reiger, Elke (2005): Innovative Weiterbildungssysteme im alpinen Raum. In: Pechlaner, Harald/Tschurtschenthaler, Paul/Peters, Mike/Pikkemaat, Birgit/Fuchs, Matthias (Hg.): *Erfolg durch Innovation. Perspektiven für den Tourismus- und Dienstleistungssektor.* Wiesbaden. 505-523.

Küppers, Bert/Leuthold, Dieter/Pütz, Helmut (2001): *Handbuch Berufliche Aus- und Weiterbildung. Leitfaden für Betriebe, Schulen, Ausbildungsstätten und Hochschulen.* 2. Auflage. München.

Lieb, Manfred G. (1997): Strategien des Qualitätsmanagements. In: Pompl, Wilhelm/Lieb, Manfred G. (Hg.): *Qualitätsmanagement im Tourismus.* München/Wien. 30-55.

Lohmann, Martin (1996): Basisdokumentation zur Veranstaltung. In: Ministerium für ländliche Räume, Landwirtschaft, Ernährung und Tourismus des Landes Schleswig-Holstein (Hg.): *Qualitäts- und Dienstleistungsoffensive im Tourismus Schleswig-Holsteins.* Kiel. 19-71.

Meffert, Heribert/Bruhn, Manfred (2006): *Dienstleistungsmarketing. Grundlagen – Konzepte – Methoden. Mit Fallstudien.* 5. Auflage. Wiesbaden.

Mentzel, Wolfgang (2005): *Personalentwicklung: Erfolgreich motivieren, fördern und weiterbilden.* 2. Auflage. München.

Mertens, Dieter (1974): Schlüsselqualifikationen. Thesen zur Schulung für eine moderne Gesellschaft. In: Bolte, Karl M./Büttner, Hans/Ellinger, Theodor/Gerfin, Harald/Kettner, Hans/Mertens, Dieter/Schäffer, Karl-August/Stingl, Josef (Hg.): *Mitteilungen aus der Arbeitsmarkt- und Berufsforschung.* Jahrgang 7. Stuttgart/Berlin/Köln/Mainz. 36-43.

Müller, Hansruedi (2002): „Training in Swiss Tourism – Analysis and Strategies". *Tourism Review.* 57/1,2:45-49.

Müller, Hansruedi (2004a): *Qualitätsorientiertes Tourismus-Management.* 2. Auflage. Bern/ Stuttgart/Wien.

Müller, Hansruedi (2004b): Qualitätszeichen im Tourismus: Das Beispiel der Schweiz. In: Weiermair, Klaus/Pikkemaat, Birgit (Hg.): *Qualitätszeichen im Tourismus. Vermarktung und Wahrnehmung von Leistungen.* Berlin. 297-312. *(= Schriften zu Tourismus und Freizeit. Band 3)*

Müller, Hansruedi (2006a): Qualitätsprogramm für den Schweizer Tourismus – Perspektiven eines umfassenden Ansatzes. In: Pechlaner, Harald/Fischer, Elisabeth (Hg.): *Qualitätsmanagement im Tourismus. Kundenorientierung, Kundenbindung und Kundenzufriedenheit.* Wien. 13-31. *(= Management und Unternehmenskultur. Schriftenreihe der Europäischen Akademie Bozen. Band 15)*

Müller, Hansruedi (2006b): Qualitätsmanagement als Triebfeder von Innovationsprozessen und ihre Grenzen. In: Pikkemaat, Birgit/Peters, Mike/Weiermair, Klaus (Hg.): *Innovationen im Tourismus. Wettbewerbsvorteile durch neue Ideen und Angebote.* Berlin. 109-117. *(= Schriften zu Tourismus und Freizeit. Band 6)*

Müller, Hansruedi/Boess, Martin (1995): *Tourismusbewusstsein – Empirische Belege und Hintergründe.* Bern.

Mundt, Jörn W. (2006): *Tourismus.* 3. Auflage. München/Wien.

Oess, Attila (1991): *Total Quality Management. Die ganzheitliche Qualitätsstrategie.* 2. Auflage. Wiesbaden.

Opaschowski, Horst W. (2001): *Das gekaufte Paradies. Tourismus im 21. Jahrhundert.* Hamburg.

Pawlowsky, Peter/Bäumer, Jens (1996): *Betriebliche Weiterbildung. Management von Qualifikation und Wissen.* München.

Pechlaner, Harald/Fischer, Elisabeth/Priglinger, Petra (2006): Die Entwicklung von Innovationen in Destinationen – Die Rolle der Tourismusorganisationen. In: Pikkemaat, Birgit/Peters, Mike/Weiermair, Klaus (Hg.): *Innovationen im Tourismus. Wettbewerbvorteile durch neue Ideen und Angebote.* Berlin. 121-136. *(= Schriften zu Tourismus und Freizeit. Band 6)*

Pechlaner, Harald/Raich, Frieda (2007): Wettbewerbsfähigkeit durch das Zusammenspiel von Gastlichkeit und Gastfreundschaft. In: Pechlaner, Harald/Raich, Frieda (Hg.): *Gastfreundschaft und Gastlichkeit im Tourismus. Kundenzufriedenheit und -bindung mit Hospitality Management.* Berlin. 11-24.

Pechlaner, Harald/Weiermair, Klaus (1999): Neue Qualifikationsanforderungen in Destinationsorganisationen. In: Pechlaner, Harald/Weiermair, Klaus (Hg.): *Destinationsmanagement. Führung und Vermarktung von touristischen Zielgebieten.* Wien. 79-90. *(= Management und Unternehmenskultur. Schriftenreihe der Europäischen Akademie Bozen. Band 2)*

Pepels, Werner (1996): *Qualitätscontrolling bei Dienstleistungen.* München.

Pflaum, Andreas (1998): Tourismus und Personal im Aufwind – Absage an den Standard. In: Weiermair, Klaus/Wöhler, Karlheinz (Hg.): *Personalmanagement im Tourismus. Konzepte und Strategien.* Limburgerhof. 165-170.

Pikkemaat, Birgit (2004): Einflussfaktoren der Qualitätswahrnehmung. In: Weiermair, Klaus/Pikkemaat, Birgit (Hg.): *Qualitätszeichen im Tourismus. Vermarktung und Wahrnehmung von Leistungen.* Berlin. 95-112. *(= Schriften zu Tourismus und Freizeit. Band 3)*

Pikkemaat, Birgit/Weiermair, Klaus (2004): Einleitung – Zur Bedeutung der Qualität im Tourismus. In: Weiermair, Klaus/Pikkemaat, Birgit (Hg.): *Qualitätszeichen im Tourismus. Vermarktung und Wahrnehmung von Leistungen.* Berlin. 1-2. *(= Schriften zu Tourismus und Freizeit. Band 3)*

Pompl, Wilhelm (1997): Qualität touristischer Dienstleistungen. In: Pompl, Wilhelm/Lieb, Manfred G. (Hg.): *Qualitätsmanagement im Tourismus.* München/Wien. 1-29.

Pompl, Wilhelm/Buer, Christian (2006): Notwendigkeit, Probleme und Besonderheiten von Innovationen bei touristischen Dienstleistungen. In: Pikkemaat, Birgit/Peters, Mike/Weiermair, Klaus (Hg.): *Innovationen im Tourismus. Wettbewerbsvorteile durch neue Ideen und Angebote.* Berlin. 21-35. *(= Schriften zu Tourismus und Freizeit. Band 6)*

Prock-Schauer, Wolfgang/Reischl, Rupert/Zehmann, Helmut (1998): Zukünftige Qualifikationsanforderungen an Arbeitskräfte im Tourismus unter besonderer Berücksichtigung der Fluggesellschaften. In: Weiermair, Klaus/Wöhler, Karlheinz (Hg.): *Personalmanagement im Tourismus. Konzepte und Strategien.* Limburgerhof. 107-120.

Raich, Margit/Abfalter, Dagmar (2004): Der Einsatz von Qualitätszeichen als kommunikationspolitische Maßnahme. In: Weiermair, Klaus/Pikkemaat, Birgit (Hg.): *Qualitätszeichen im Tourismus. Vermarktung und Wahrnehmung von Leistungen.* Berlin. 199-215. *(= Schriften zu Tourismus und Freizeit. Band 3)*

Rauen, Christopher (2002): Varianten des Coachings im Personalentwicklungsbereich. In: Rauen, Christopher (Hg.): *Handbuch Coaching.* 2. Auflage. Göttingen. 67-94.

Regnet, Erika (2003): Der Weg in die Zukunft – Anforderungen an die Führungs-kraft. In: Rosenstiel, Lutz von/Regnet, Erika/Domsch, Michael E. (Hg.): *Füh-rung von Mitarbeitern. Handbuch für erfolgreiches Personalmanagement.* 5. Auflage. Stutt-gart. 51-66.

Reinemann, Holger (2002): *Betriebliche Weiterbildung in mittelständischen Unternehmen.* Münster/Hamburg/London. *(= Trierer Schriften zur Mittelstandsökonomie. Band 5)*

Reinhart, Gunther/Lindemann, Udo/Heinzl, Joachim (1996): *Qualitätsmanagement. Ein Kurs für Studium und Praxis.* Berlin/Heidelberg.

Romeiß-Stracke, Felizitas (1995): *Service-Qualität im Tourismus. Grundsätze und Ge-brauchsanweisungen für die touristische Praxis.* Herausgegeben vom Allgemeinen Deutschen Automobil-Club e. V. München.

Romeiß-Stracke, Felizitas (1998): *Tourismus – gegen den Strich gebürstet. Essays.* Mün-chen/Wien. *(= Reihe Tourismuswissenschaftliche Manuskripte. Band 2)*

Rürup, Bert (2001): Die Entwicklung der Arbeit von morgen. In: Höpfner, Hans-Dieter (Hg.): *Karrierewege über berufliche Aus- und Weiterbildung.* Bremen. 15-32.

Schaeffer, Hans-Dieter (1998): Der motivierte Mitarbeiter – Ein Faktor für den er-folgreichen Wettbewerb. In: Weiermair, Klaus/Wöhler, Karlheinz (Hg.): *Perso-nalmanagement im Tourismus. Konzepte und Strategien.* Limburgerhof. 267-282.

Schmidt-Lauff, Sabine (1999): *Kooperationsstrategien in der betrieblichen Weiterbildung. Un-ternehmen und Bildungsanbieter als Partner?* München/Mering.

Schoenmaeckers, Ronald/Kotowska, Irena (2005): *Population ageing and its challenges to social policy. Study prepared for the European Population Conference 2005.* Strasbourg. *(= Population studies. No. 50)*

Scholz, Christian (2000): *Personalmanagement.* 5. Auflage. München.

Schubert, Klaus/Klein, Martina (2003): *Das Politiklexikon.* 3. Auflage. Bonn.

Schumpeter, Joseph A. (1988): *Theorie der wirtschaftlichen Entwicklung.* Faksimile der 1912 erschienenen Erstausgabe. Düsseldorf.

Seghezzi, Hans D./Fahrni, Fritz/Herrmann, Frank (2007): *Integriertes Qualitätsma-nagement. Der St. Galler Ansatz.* 3. Auflage. München.

Smeral, Egon (2005): Ansatzpunkte für eine innovative Tourismuspolitik. In: Pech-laner, Harald/Tschurtschenthaler, Paul/Peters, Mike/Pikkemaat, Birgit/Fuchs, Matthias (Hg.): *Erfolg durch Innovation. Perspektiven für den Tourismus- und Dienstleis-tungssektor.* Wiesbaden. 23-38.

Staehle, Wolfgang H. (1999): *Management. Eine verhaltenswissenschaftliche Perspektive.* 8. Auflage. Überarbeitet von Conrad, Peter/Sydow, Jörg. München.

Stauss, Bernd (1998): Total Quality Management im Tourismus. In: Haedrich, Günther/Kaspar, Claude/Klemm, Kristiane/Kreilkamp, Edgar (Hg.): *Tourismus-Management. Tourismus-Marketing und Fremdenverkehrsplanung.* 3. Auflage. Berlin. 357-378.

Swiaczny, Frank (2005): *Aktuelle Aspekte des Weltbevölkerungsprozesses. Regionalisierte Ergebnisse der UN World Population Prospects 2004.* Wiesbaden. *(= Bundesinstitut für Bevölkerungsforschung. Materialien zur Bevölkerungswissenschaft. Heft 17)*

Tschurtschenthaler, Paul (1999): Destination Management/Marketing als (vorläufiger) Endpunkt der Diskussion der vergangenen Jahre im alpinen Tourismus. In: Pechlaner, Harald/Weiermair, Klaus (Hg.): *Destinationsmanagement. Führung und Vermarktung von touristischen Zielgebieten.* Wien. 7-36. *(= Management und Unternehmenskultur. Schriftenreihe der Europäischen Akademie Bozen. Band 2)*

Tschurtschenthaler, Paul (2004): Unternehmerische Aus- und Weiterbildung im Tourismus. In: Weiermair, Klaus/Peters, Mike/Pechlaner, Harald/Kaiser, Marc-Oliver (Hg.): *Unternehmertum im Tourismus. Führen mit Erneuerungen.* Berlin. 105-122.

Tschurtschenthaler, Paul (2005): Die gesamtwirtschaftliche Perspektive von touristischen Innovationen. In: Pechlaner, Harald/Tschurtschenthaler, Paul/Peters, Mike/Pikkemaat, Birgit/Fuchs, Matthias (Hg.): *Erfolg durch Innovation. Perspektiven für den Tourismus- und Dienstleistungssektor.* Wiesbaden. 3-22.

Tschurtschenthaler, Paul (2006): Qualitätsmanagement: Die *neue* Rolle des Staates. In: Pechlaner, Harald/Fischer, Elisabeth (Hg.): *Qualitätsmanagement im Tourismus. Kundenorientierung, Kundenbindung und Kundenzufriedenheit.* Wien. 97-115. *(= Management und Unternehmenskultur. Schriftenreihe der Europäischen Akademie Bozen. Band 15)*

Walch, Siegfried (1999): Implementierung von Marketingstrategien in Tourismusregionen. Bern/Stuttgart/Wien. *(= St. Galler Beiträge zum Tourismus und zur Verkehrswirtschaft. Reihe Tourismus. Band 34)*

Weiermair, Klaus (1998): Mitarbeiterqualifikationen im Spannungsfeld zwischen Tourismusentwicklung, Arbeitsmarkt und touristischem Aus- und Weiterbildungssystem. In: Weiermair, Klaus/Wöhler, Karlheinz (Hg.): *Personalmanagement im Tourismus. Konzepte und Strategien.* Limburgerhof. 9-22.

Weiermair, Klaus (2002): Aufgaben der Tourismuspolitik im Rahmen eines zukunftsorientierten Destinationsmanagements. In: Pechlaner, Harald/Weiermair, Klaus/Laesser, Christian (Hg.): *Tourismuspolitik und Destinationsmanagement. Neue Herausforderungen und Konzepte.* Bern/Stuttgart/Wien. 53-75.

Wittmann, Angela (1997): *Determinanten der Weiterbildungsteilnahme und des Weiterbildungserfolgs bei Führungsnachwuchskräften.* München/Mering.

Wöhler, Karlheinz (2004): Qualitätszeichen und Reiseentscheidung. In: Weiermair, Klaus/Pikkemaat, Birgit (Hg.): *Qualitätszeichen im Tourismus. Vermarktung und Wahrnehmung von Leistungen.* Berlin. 21-38. *(= Schriften zu Tourismus und Freizeit. Band 3)*

Zeithaml, Valarie A./Parasuraman, A./Berry, Leonard L. (1992): *Qualitätsservice. Was Ihre Kunden erwarten – was Sie leisten müssen.* Campus Verlag. Frankfurt/New York.

Zink, Klaus J. (2004): *TQM als integratives Managementkonzept. Das europäische Qualitätsmodell und seine Umsetzung.* 2. Auflage. München/Wien.

Anhang

Anforderungskatalog (Langfassung)

Qualitätssystem	Qualifizierungssystem
Rahmenbedingungen	**Rahmenbedingungen**
➤ **Anforderungsgerechte Integration aller Qualitätskomponenten** - Software- bzw. Servicequalität - Umweltqualität - Hardwarequalität	➤ **Integration des Beschäftigungsbereichs im engeren Sinne** - Beschäftigungsbereich im engeren Sinne - *Ergänzender Beschäftigungsbereich* - *Bewohner der Destination*
➤ **Berücksichtigung spezifischer Anspruchsgruppen** - Förderung des Allgemeinwohls - Kooperation mit Partnerunternehmen und Tourismusorganisationen	➤ **Integration aller Beschäftigungsgruppen** - Führungs- und Fachkräfte - An- und Ungelernte - KMU: besondere Bedeutung der Weiterbildung der Unternehmer
➤ **Integration aller Bereiche der Tourismuswirtschaft** - Unternehmen der Tourismuswirtschaft im engeren Sinne - Dienstleistungsunternehmen der ergänzenden Tourismuswirtschaft und der touristischen Randindustrie	➤ **KMU: Integration einer Weiterbildungsberatung** ➤ **Zeitlich flexible Maßnahmendurchführung** - Terminliche Auswahlmöglichkeiten - Flexible zeitliche Gliederung einzelner Weiterbildungsphasen - Berücksichtigung der Saisonalität
➤ **Stufensystem** - *Basisanforderung (Hardware)* - 1. Stufe: Qualitätsentwicklung - 2. und folgende Stufen: Qualitätssicherung und Qualitätsentwicklung - Betriebsindividuelle Endstufe: Qualitätsmanagementsystem	➤ **Dezentrale Maßnahmendurchführung** - Örtliche Auswahlmöglichkeiten ➤ **Modulares System mit mehreren Qualifizierungsebenen**
➤ **Systemweiterentwicklung/-anpassung** - Anpassung der Qualitätsforderungen an die Markterfordernisse	➤ **Systemweiterentwicklung/-anpassung** - Anpassung der Weiterbildungsinhalte an die Teilnehmer- und Markterfordernisse
Qualitätsverbesserungsprozess	**Weiterbildungsprozess**

➤ **Prozessorientierter Systemansatz**
- Vorgabe zu verbessernder Prozesse
- Vorgabe anzuwendender Instrumente
	➤ **Segmentierung der Weiterbildung**
	- Segmentierung nach Aufgabenbereichen
	- Segmentierung nach Branchensegmenten bei Fachkenntnisvermittlung
	- Segmentierung nach Vorbildungen – Schaffung von Qualifizierungsebenen
	- Definition von Kriterien für die Einordnung in die Qualifizierungsebenen
	  o *Theoretische, praktische Vorbildung*
	  o *Basismodul*

➤ **Total Quality Management** - Orientierung der Qualitätsforderungen an den Grundsätzen des TQM	
➤ **Strategische Unternehmensausrichtung und Führungsverantwortung** - Definition von Qualitätsgrundsätzen und -zielen - Qualitätsverpflichtung der Führungskräfte	

➤ **Prozessorientierung**
- Prozessdefinition
- Prozessverbesserung/Standardsetzung

➤ **Kundenorientierung**
- Vermeidung potenzieller Qualitätslücken
- Zielgruppenorientierung

➤ **Mitarbeiterorientierung**
- Partizipation
- Qualifizierung
- Motivation

➤ **Kontinuierliche Verbesserung**
- Evaluation durch externe und interne Anspruchsgruppen
- Permanente Auseinandersetzung mit dem Qualitätsmanagement

➤ **Systematische und kontinuierliche Weiterbildung im modularen System**
- Modularer Systemaufbau mit in sich abgeschlossenen Lernmodulen
- Zusammenfassung von Modulen zu Abschlüssen – Schaffung von Bildungsgängen

➤ **Kompetenzübergreifende Weiterbildung**
- Touristische Fachkompetenz
- Betriebswirtschaftliche Fachkompetenz
- Sozialkompetenz
- Methodenkompetenz
- Individualkompetenz
- Funktionsübergreifende Abschlüsse

➤ **Erfolgskontrolle und Transfersicherung**
- Erfolgskontrolle im Lernfeld nach jedem Modul
- Transferkontrolle im Arbeitsfeld nach jedem Bildungsgang

➤ **Bedarfsorientierte Weiterbildung**
- Unternehmer- und Mitarbeiterbedarfe
- Markterfordernisse
- Definition von Anforderungsprofilen als Grundlage für die Weiterbildung

➤ **Qualitätssicherung**
- Einrichtungsqualität: Qualitätszertifikat
- Durchführungsqualität: Standardsetzung und Evaluation
- Ergebnis- und Übertragungsqualität: Ergebniskontrolle und Transfersicherung

Systemunterstützende Anforderungen

➤ **Integration eines Innen-Marketings**
- Information, Sensibilisierung und Motivation der Systemadressaten
- KMU: Fokussierung der Sensibilisierungsmaßnahmen auf Unternehmer
- Gewinnung lokaler und regionaler Tourismusorganisationen als Multiplikatoren

➤ **Integration von Anreizen**

Qualitätssystem
- Anreize zur direkten Förderung der Teilnahmemotivation
- *Indirekte Anreize zur Senkung von Hemmschwellen*

Qualifizierungssystem
- Anreize zur direkten Förderung der Weiterbildungsmotivation
- *Anreize mit unterstützender Wirkung auf den Weiterbildungsprozess*

Qualitäts- und Qualifizierungssystem
- KMU: Koppelung Qualitätsauszeichnung und Weiterbildungsabschlüsse an Rating bei Banken, Förderprogramme und Investitionshilfen

> ➢ **Integration eines Qualitätszeichens in der Außendarstellung**
> - Nutzung zur Kommunikation der Qualitätsaktivitäten beim Gast
> - Nutzung zur Profilierung als qualitätsorientierte Destination
> - Erfüllung folgender Voraussetzungen: Bekanntheit, Glaubwürdigkeit, Verständlichkeit, Vergleichbarkeit, Kongruenz von Informationsbedürfnis und Qualitätssignal
>
> ➢ **Integration bestehender Qualitäts- und Qualifizierungsaktivitäten**
>
> ➢ **KMU: Integration von Marktforschungsdaten**
> - Zugang, Nutzbarkeit, Interpretationshilfen
> - Förderung der Selbstorganisation der Marktforschung
>
> ➢ **Integration einer brancheninternen Informationsplattform**
> - Informationen über das ganzheitliche Qualitäts- und Qualifizierungssystem
> - Informationen zur Unterstützung der betrieblichen Arbeit
>
> ## Gesamtsystem
>
> ### Übergeordnete Systemorganisation
>
> ➢ **Integration der Verantwortungsträger**
> - Touristische Verantwortungsträger
> - Weiterbildungsspezifische Verantwortungsträger
>
> ➢ **Bildung einer zentralen Institution für Qualität und Qualifizierung auf einer möglichst hohen Destinationsebene**
> - Koordinierungsstelle für das Gesamtsystem
> - Leitung durch neutrale Institution
>
> ➢ **Langfristige Ausrichtung und dauerhafte Finanzierbarkeit**
> - Dauerhafte Einbindung des Systems in die Destination
> - Weitestgehende Eigenfinanzierung

Legende:

KMU: = Zusatzanforderung für Destinationen mit einem hohen Anteil an kleinen und mittleren Unternehmen

Kursiv = Empfehlung

Institut für Management und Tourismus der Fachhochschule Westküste

Das Institut für Management und Tourismus (IMT) ist seit Juni 2006 als In-Institut an der Fachhochschule Westküste angesiedelt. Unter dem Dach des Instituts werden sämtliche Hochschulaktivitäten in den Feldern betriebswirtschaftlich orientierter Tourismusforschung, -qualifizierung und -beratung gebündelt und miteinander vernetzt. Großer Wert wird dabei auf Unabhängigkeit der Forschung, Nähe zur Praxis und wissenschaftliche Fundierung gelegt.

Das IMT entstand im Rahmen des Projektes „Aufbau eines Kompetenzzentrums für betriebswirtschaftliche Tourismusforschung und -qualifizierung". Gefördert wird dieses Projekt aus Mitteln des Europäischen Sozialfonds und des Innovationsfonds Schleswig-Holstein. Weitere Unterstützung erfährt das Kompetenzzentrum durch finanzielle Zuschüsse weiterer Partner und einen Projektbeirat mit Akteuren aus Wirtschaft, Wissenschaft und Politik.

Das Kompetenzzentrum verfolgt als zentraler Bestandteil des Bildungs-, Beratungs- und Forschungsschwerpunktes Tourismus der Fachhochschule Westküste die Zielsetzung, die wissenschaftliche Weiterbildung und Qualifizierung im Tourismus zu fördern sowie u. a. über anwendungsorientierte Forschungsprojekte den Wissenstransfer zwischen Hochschule und Wirtschaft zu intensivieren.

 Die Schriftenreihe des IMT wird im Rahmen des Projektes „Aufbau eines Kompetenzzentrums für betriebswirtschaftliche Tourismusforschung und -qualifizierung" aus Mitteln des Europäischen Sozialfonds gefördert.

Schriftenreihe des Instituts für Management und Tourismus

Hrsg. von
Dipl.-Kfm. (FH) Christian Eilzer, M.A.
Prof. Dr. Bernd Eisenstein
Prof. Dr. Wolfgang Georg Arlt

Tourismus im Zeitalter der Globalisierung ist durch eine Vielzahl komplexer Verflechtungen und Wechselwirkungen gekennzeichnet, sowohl innerhalb der Tourismuswirtschaft als auch mit verschiedenen Umweltbereichen. Dynamische Veränderungsprozesse aus unterschiedlichen Sphären wirken in hoher Intensität auf die Tourismuswirtschaft ein. Sie stellen die Branche vor neue Herausforderungen.

Zentrales Anliegen der Schriftenreihe des Instituts für Management und Tourismus ist es, bei wissenschaftlicher Fundierung tourismusbezogene Erkenntnisse mit Anwendungsorientierung und Problemlösungsanspruch zu vermitteln. Die Reihe zeigt anhand konkreter Fragestellungen beispielhaft auf, wie die Tourismuswirtschaft neuen Marktkonstellationen und komplexen Herausforderungen begegnen kann. Das Spektrum der Veröffentlichungen reicht von Projekt- und Forschungsberichten sowie Dissertationen bis hin zu Sammelbänden mit Artikeln von Wissenschaftlern und Praktikern.

Analog zur Betrachtung des interdisziplinären Forschungsgegenstandes Tourismus an der Fachhochschule Westküste und dem dort angesiedelten Institut für Management und Tourismus liegt der Reihe ein betriebswirtschaftlicher Fokus zugrunde. Unter diesem konzeptionellen Dach fungiert die Schriftenreihe des IMT als zentrale touristische Veröffentlichungsplattform der Fachhochschule Westküste. Die Reihe macht die im hochschuleigenen Forschungsbereich gewonnenen Erkenntnisse ebenso verfügbar wie tourismusbezogene Arbeiten externer Autoren.

Ihr Wissenschaftsverlag. Kompetent und unabhängig.

Martin Meidenbauer »

Verlagsbuchhandlung GmbH & Co. KG
Erhardtstr. 8 • 80469 München
Tel. (089) 20 23 86 -03 • Fax -04
info@m-verlag.net • www.m-verlag.net

Neuerscheinungen zur Wirtschaft:

Besucherleitsysteme
Entwicklung und Anwendung eines Instruments zu ihrer Bewertung –
Dargestellt am Beispiel des Biosphärenreservats Rhön
(Schriftenreihe des Instituts für Management und Tourismus 1)
Von Christian Eilzer
2007, 197 Seiten, Paperback, Euro 29,90/CHF 51,00, ISBN 978-3-89975-095-9

Besucherleitsysteme sind wichtige Bestandteile der Angebotspalette einer
Destination. Für Touristen sind Informationspunkte, Wander- oder Hotelleitsysteme bedeutsame Orientierungshilfen, die unter anderem zur Erhöhung der
Angebotsqualität beitragen.
In dieser Arbeit wird eine Methodik zur Bewertung und Optimierung von Leiteinrichtungen entwickelt und auf das Biosphärenreservat Rhön angewendet.

Weiterbildungsmassnahmen und andere Anreize in der Schweizer Hotellerie
Konzeptionelle Grundlagen - Empirische Untersuchung – Gestaltungsempfehlungen
(Forum Wirtschaft 10)
Von Beatrice Herrmann
2007, 408 Seiten, Paperback, Euro 59,90/CHF 96,00, ISBN 978-3-89975-624-1

Dieses Buch liefert konkrete Gestaltungsempfehlungen mit Vorschlägen für
den erfolgreichen Einsatz von Anreizsystemen und Weiterbildungsmassnahmen, welche die Arbeitszufriedenheit, Leistung und Verweildauer der Kadermitarbeiter steigern und die Qualifikationsstruktur verbessern können. Damit
kann nicht nur der Erfolg einzelner Hotelbetriebe positiv beeinflusst, sondern
zur Steigerung des Images der gesamten Hotelleriebranche auf dem Arbeitsmarkt beigetragen werden.

Ihr Wissenschaftsverlag. Kompetent und unabhängig.

Martin Meidenbauer »
Verlagsbuchhandlung GmbH & Co. KG
Erhardtstr. 8 • 80469 München
Tel. (089) 20 23 86 -03 • Fax -04
info@m-verlag.net • www.m-verlag.net